DIE REGELN DER KINDER-ERZIEHUNG

RICHARD TEMPLAR

AUTOR DES INTERNATIONALEN BESTSELLERS
DIE REGELN DER ARBEIT

Bibliografische Information der Deutschen Nationalbibliothek
Die Deutsche Nationalbibliothek verzeichnet diese Publikation in der Deutschen Nationalbibliografie; detaillierte bibliografische Daten sind im Internet über http://dnb.d-nb.de> abrufbar.

Die Originalausgabe erschien unter dem Titel
The Rules of Parenting
ISBN 978-0-273-71147-6

Übersetzung: Dr. Tilmann Kleinau
Gestaltung und Satz: Johanna Wack, Martina Köhler, Börsenmedien AG, Kulmbach
Druck: CPI, Ebner & Spiegel, Ulm

ISBN 978-3-941493-17-9

Für Fragen rund um unsere Bücher:
buecher@boersenmedien.de

weitere Informationen unter:
www.books4success.de

BÖRSEN MEDIEN
AKTIENGESELLSCHAFT

Postfach 1449 • 95305 Kulmbach
Tel. 09221-9051-0 • Fax 09221-9051-4444

Für Rich

„Wir sind die Besten der Erde.
Wir haben ihre Lektion gelernt.
Leben ist unser Schrei.
Wir haben Wort gehalten!“

INHALT

EINLEITUNG

Nichts kann Sie auf Ihre Elternrolle vorbereiten. Diese Aufgabe fordert Sie bis an die Grenzen Ihres Durchhaltevermögens, Ihrer Nerven und Ihrer Gefühle, manchmal sogar bis an die Grenzen Ihrer Gesundheit. Am Anfang stehen die Sorgen, wie Sie am besten die Windeln wechseln und das Baby baden, ohne es zu ertränken, aber bald finden Sie heraus, dass das noch die harmloseste Übung war. Immer dann, wenn Sie glauben, die Herausforderungen der einen Kindheitsphase ganz gut bewältigen zu können, wird das Kind älter und ein ganz neues Szenario beginnt. Kleinkindalter, Schulalter, Freundinnen und Freunde Ihres Kindes, die ersten Fahrstunden – es hört nie auf. Zum Glück gibt es jede Menge Belohnung – all der Spaß, den Sie miteinander haben, die Zärtlichkeit, die Intimität. Manchmal, wenn Sie Glück haben, gibt's sogar ein Dankeschön. Und natürlich auch die Freude zu sehen, wie Ihr Kind zu einem Menschen heranreift, auf den Sie stolz sein können.

Aber bis es so weit ist, hagelt es natürlich auch viele Enttäuschungen, viel Angst, Verwirrung und seelischen Aufruhr, während Sie sich das Hirn zermartern, um das Richtige zu sagen und zu tun und Ihr Kind auf den Weg zu bringen, damit einmal ein glücklicher, ausgeglichener Erwachsener aus ihm wird. Und genau darum geht es in diesem Buch.

Der Pfad, auf den Sie sich jetzt begeben, ist schon ausgetreten – Millionen von Menschen waren schon vor Ihnen Eltern und haben, durch Versuch und Irrtum, ein paar Erfahrungen gemacht, die Ihnen jetzt von Nutzen sein können. Ich selbst bin zweimal hintereinander Vater gewesen. Ich habe zwei Familien hintereinander gehabt, und das über insgesamt fast 30 Jahre hinweg. Das bedeutet, ich hatte die Chance, die meisten klassischen Fehler zu begehen, und das teilweise sogar mehrfach. Es bedeutet allerdings auch, dass ich durch meine Freunde und die Freunde meiner Kinder die Chance bekam, andere Familien in Aktion zu beobachten und zu sehen, wie sich andere Eltern verhalten. Es ist immer wieder ein faszinierendes Abenteuer, dies zu beobachten.

Manche Eltern scheinen instinktiv zu wissen, wie sie mit jeder Situation umgehen müssen. Andere machen einiges falsch, haben aber eine brillante Art und Weise, mit bestimmten Fragen umzugehen. Wenn Sie, wie ich, andere Eltern lange genug studieren konnten, beginnen Sie, bestimmte Muster zu entdecken – Taktiken, Techniken und Verhaltensgrundsätze, mit deren Hilfe Sie das Beste aus Kindern herausholen können und die, unabhängig vom Charakter des jeweiligen Kindes, angepasst werden können. Diese Einstellungen und Prinzipien sind es, die ich zu den Regeln der Kindererziehung verarbeitet habe, um Sie durch die harten Zeiten zu bringen und Ihnen dabei zu helfen, Ihr Kind zu seiner vollen Entfaltung zu bringen und Ihr Verhältnis zueinander ein Leben lang möglichst gut zu gestalten.

Die Regeln der Kindererziehung sind nicht mit der Absicht geschrieben, spektakulär Neues zu bringen – sie sind vielmehr als eine Art Gedächtnisstütze gedacht. Vieles ist einfach gesunder Menschenverstand, aber der gerät nur allzu leicht in Vergessenheit, wenn man es mit einem zwei Jahre alten Kind zu tun hat, das einen Wutanfall hat oder mit einem Teenager, der meint, die ganze Welt dreht sich nur um ihn. Deshalb ist es gut, wenn Sie sich selbst die Regeln, die Ihnen ganz selbstverständlich erscheinen, noch einmal vergegenwärtigen. Schließlich ist Ihre Aufgabe eine sehr wichtige, und Sie wollen doch alles richtig machen, nicht wahr?

Einhundert Regeln – das sieht auf den ersten Blick nach sehr viel aus. Aber auf der anderen Seite sind 18 Jahre eine lange Zeit, die Sie in diesem Job zubringen werden – und falls Sie mehr als ein Kind haben, sind es sowieso mehr als 18 Jahre.[1] *Sie müssen Ihre Kinder in diesen 18 Jahren durch alles hindurch kriegen – durch die Stillzeit, die Windeln, die ersten Gehversuche, die ersten Sprechversuche, Lesen, Schreiben und Rechnen, durch Schulzeit, Freunde, durch Sex, Drogen und Rock'n'Roll – da sind 100 Regeln nicht sehr viel.*

Woran erkennt man gute Eltern? Ich finde, das ist ganz einfach – an ihren Kindern. Manche Kinder machen eine Zeitlang aus allen möglichen Gründen – die man nicht immer am Elternhaus festmachen kann – ziemlich schlimme Zeiten durch, aber ich habe herausgefunden, wenn sie erst einmal das Elternhaus verlassen haben, sieht man schnell, ob ihre Eltern ihre Sache gut gemacht haben oder nicht. Und ich finde, diejenigen Eltern, die selbständige Kinder haben, Kinder, die ihr Leben genießen und ihre Umgebung glücklich machen können, die nett und einfühlsam sind und für das, an was sie glauben, gerade stehen können – diese Eltern haben es richtig gemacht. Und über die Jahre hinweg konnte ich beobachten, welcher Erziehungsstil 18 Jahre später welche erwachsenen Menschen hervorbringt.

Wenn Sie darüber nachdenken, was für eine riesengroße Verantwortung Sie als Vater oder Mutter eines Kindes haben, kann es Ihnen den Atem rauben und Sie regelrecht lähmen. Alles, was Sie im Laufe der Jahre so tun und sagen, hat einen gewaltigen Einfluss darauf, ob Ihr Kind später als Erwachsener verkorkst oder ausgeglichen sein wird. Die gute Nachricht ist: Wenn Sie jetzt in Ruhe über alles nachdenken – was Sie tun werden, wenn Sie dieses Buch von vorn bis hinten durchlesen –, können Sie viele Ihrer kleinen Schwächen oder schlechten Gewohnheiten korrigieren und sich hilfreichere Verhaltensweisen zulegen (hilfreich für Sie und Ihr Kind).

Es gibt noch mehr gute Nachrichten: Es gibt viele falsche Arten und Weisen, Ihre Kinder zu erziehen, aber es gibt auch viele richtige. In diesem Buch finden Sie Grundregeln, die Sie befolgen können, die Sie aber auch für Ihre Person und Ihr Kind anpassen können. Es gibt keine Liste mit Anweisungen, die Sie strikt befolgen müssen, wenn Sie nicht wollen, dass Ihr Kind eines Tages ein Loser wird. Ich kenne Eltern, die alle möglichen originellen, kreativen und ungewöhnlichen Wege gegangen sind, um diese Regeln sinnvoll für sich anzuwenden. Es geht um die sinngemäße, nicht die wortgetreue Umsetzung dieser Regeln, um die richtige Einstellung. So habe ich beispielsweise großartige Eltern kennengelernt, die ihre Kinder ausschließlich zu Hause erzogen haben, andere, deren Kinder in die Tagesschule gegangen sind und nicht weniger gute, die ihre Kinder in ein Internat schickten. Wenn man die richtige Grundeinstellung hat, ergibt sich der Rest schon.

Ich kann Ihnen persönlich bestätigen, dass es nicht möglich ist, 18 Jahre lang Tag für Tag alle 100 Regeln in diesem Buch zu befolgen. Auch mir ist klar, dass *selbst die besten Eltern, die ich kenne und beobachtet habe, hier und da Fehler gemacht haben. Allerdings waren es keine allzu schlimmen Fehler und nicht allzu häufig, und sie hatten ein Gespür dafür, wenn sie falsch lagen. Das scheint sehr wichtig zu sein: Zu erkennen, was man falsch gemacht hat und sich zu bemühen, das nächste Mal rechtzeitig daran zu denken. Das ist das Äußerste, was man von guten Eltern erwarten darf – und es genügt, wie ich aufgrund meiner Beobachtung an den Kindern anderer Leute sagen kann.*

Ich kann Ihnen auch mitteilen (und Sie sind vielleicht froh darüber), dass keine dieser Regeln von Ihnen verlangt, dass Sie Ihren Kindern mehrmals am Tag die Haare kämmen oder immer darauf achten müssen, dass sie täglich frische Socken anziehen. Nun, dagegen ist bestimmt nichts einzuwenden, aber ich habe auch Eltern kennengelernt, die ihre Kinder ungekämmt und ohne Socken herumlaufen ließen und sie trotzdem richtig erzogen haben.

In diesen Regeln geht es um wirklich wichtige Dinge. Es geht nicht um saubere Socken, sondern um die Einstellung, die Werte und das Selbstbild Ihres Kindes. Diese Regeln helfen Ihnen und Ihrem Kind, miteinander Spaß zu haben, das Leben zu genießen und andere Menschen respektvoll zu behandeln. Diese Prinzipien gelten gleichermaßen für herkömmliche Familien mit Vater und Mutter wie für modernere Familienformen, wie Familien mit allein erziehendem Elternteil oder Stieffamilien.

Ich sage nicht, es gibt nur genau 100 Regeln, die Sie befolgen müssen und keine mehr. Weit gefehlt. Dies sind diejenigen Regeln, die ich aufgrund meiner Beobachtung als die wichtigsten ansehe, aber ich bin immer daran interessiert, von Ihnen zu hören und würde gerne weitere Regeln zusammenstellen, wenn Sie welche für mich haben. Sie dürfen sie mir gern mailen unter Richard.Templar@RichardTemplar.co.uk.

Richard Templar

1) Ja, ich weiß: Nicht, wenn es sich um Zwillinge handelt. Danke für den Hinweis.

SO BLEIBEN SIE VERNÜNFTIG

Dieses Buch ist in zehn Abschnitte unterteilt. Ich beginne mit den Regeln für ein vernünftiges Verhalten. Wenn Sie die nicht hinbekommen, sind die anderen 90 Regeln sowieso sinnlos.

Wenn Sie gerade erst Vater oder Mutter geworden sind – oder es demnächst werden wollen –, möchte ich Sie nicht beunruhigen, indem ich Ihnen den Eindruck vermittle, nicht verrückt zu werden sei die Hauptbeschäftigung junger Eltern und Sie müssten die nächsten 18 Jahre damit zubringen, gegen Ihre eigene Neigung zum Wahnsinn anzukämpfen. Weit gefehlt. Es wird lediglich immer wieder einmal Momente geistig unnormalen Verhaltens geben, vor denen Sie auf der Hut sein sollten. Zeitweise werden es sehr wenige solche Momente sein, und das ist gut so, aber bitte glauben Sie mir, wenn ich Ihnen sage: Wir alle kennen solche Anwandlungen. Ehrlich gesagt, gibt es Augenblicke, die selbst die besten Regel-Befolger aller Zeiten an ihre Grenzen bringen.

Worum es mir geht, ist, dass Sie das Ganze viel mehr genießen können, wenn Sie dabei geistig gesund bleiben. Ihre geistige Gesundheit ist nicht nur wichtig, weil Sie als Person wichtig sind, sondern weil Ihre Kinder geistig gesunde Eltern brauchen. Sie brauchen nur eine Handvoll Regeln zu kennen, und die sorgen, wenn Sie sie richtig verstanden haben, dafür, dass Sie immer einen kühlen Kopf bewahren, auch wenn alle um Sie herum „ausflippen".

REGEL 1

ENTSPANNEN SIE SICH

Wer sind die besten Eltern, die Sie kennen? Diejenigen, die anscheinend instinktiv die Fähigkeit besitzen, das Richtige zu tun und zu sagen und glückliche, selbstbewusste, ausgeglichene Kinder haben? Haben Sie sich schon einmal gefragt, was sie so gut macht? Jetzt denken Sie mal über diejenigen nach, die Sie persönlich für keine besonders guten Eltern halten. Woran liegt das wohl?

Alle guten Eltern, die ich kenne, haben eine sehr wichtige Gemeinsamkeit: Sie gehen entspannt an ihre Aufgabe heran. Und alle schlechten Eltern, die ich kenne, haben einen bestimmten Komplex oder ein bestimmtes Problem. Vielleicht sind sie nicht einmal von der Idee besessen, die perfekten Eltern sein zu müssen (vielleicht sollten sie es sogar eher sein), aber da ist irgendetwas an ihnen, was ihre Fähigkeit, gute Eltern zu sein, einschränkt.

Ich kenne Eltern, die sind geradezu neurotisch sauber und ordnungsliebend. Wenn ihre Kinder nicht schon an der Tür die Schuhe ausziehen, drehen sie durch – selbst wenn die Schuhe sauber sind. Sie werden richtig sauer, wenn ihre Kinder etwas herumliegen lassen oder irgendwo ein bisschen Dreck hinterlassen (selbst wenn er hinterher wieder weggemacht wird). Das macht es den Kindern unmöglich, sich zu entspannen und Spaß zu haben. Sie müssen stets damit rechnen, dass sie Ärger bekommen, wenn sie Grasflecken an der Hose haben oder ihnen die Ketchup-Flasche umfällt.

Ein anderer Freund von mir ist so ehrgeizig, dass seine Kinder bei jedem harmlosen Spiel unter dem Druck stehen, immer und überall die Besten sein zu müssen. Eine andere Bekannte regt sich jedes Mal auf, wenn ihr

Kind sich das Knie aufschürft. Ich wette, Sie kennen jede Menge solcher Beispiele aus Ihrem eigenen Bekanntenkreis.
Die wirklich guten Eltern, die ich kenne, jedoch erwarten eher, dass ihre Kinder laut, unordentlich, lebhaft, streitlustig und weinerlich sind und vor Dreck starren. Sie wissen, dass sie noch 18 Jahre Zeit haben, um aus diesen kleinen Schmutzfinken ansehnliche Erwachsene zu machen und teilen sich die Zeit klug ein. Ihre Kinder müssen sich nicht jetzt schon wie Erwachsene benehmen – sie werden es eines Tages schon noch tun.
Unter uns gesagt, ist diese Regel mit der Zeit immer leichter zu befolgen, obwohl manche es nie so hinbekommen, wie es richtige Regel-Befolger tun. Es ist viel schwerer, alles entspannt anzugehen, wenn man zum ersten Mal ein Baby hat, als wenn der letzte Teenager das elterliche Haus verlässt. Bei Babys muss man immer auf die wesentlichen Dinge achten – auf ein gesundes Baby, das nicht zu viel Hunger haben oder zu unbequem liegen darf –, und nicht so sehr auf den Rest. Es ist nicht so wichtig, ob die Druckknöpfe richtig herum sitzen und ob man heute noch die Zeit findet, das Baby zu baden oder ob man ins Wochenende fährt, ohne etwas zum Schlafen fürs Baby mitzunehmen (das hat eine Freundin von mir tatsächlich gemacht, ohne sich große Sorgen deswegen zu machen, denn sie kennt die Regeln).
Viel besser ist es doch, wenn Sie am Ende des Tages bei einem Glas Wein oder einem Gin Tonic[2] die Füße hochlegen und zufrieden zueinander sagen können: „Was soll's … sie sind alle gesund und munter, also können wir nicht alles falsch gemacht haben!"

DIE WIRKLICH GUTEN ELTERN, DIE ICH KENNE, ERWARTEN, DASS IHRE KINDER LAUT, UNORDENTLICH, LEBHAFT, STREITLUSTIG UND WEINERLICH SIND UND VOR DRECK STARREN.

2) Nein, ich will Eltern nicht dazu ermutigen, nur mit Alkohol durch den Tag zu kommen. Es geht mir nur ums Entspannen!

REGEL 2

NOBODY IS PERFECT – SIE MÜSSEN NICHT PERFEKT SEIN

Haben Sie schon einmal daran gedacht, wie es wäre, perfekte Eltern zu haben? Tun Sie es bitte jetzt. Stellen Sie sich vor, Ihre Eltern hätten während Ihrer ganzen Kindheit und Jugendzeit keinen einzigen Fehler gemacht (ich nehme an, sie haben auch welche gemacht).[3] Nehmen Sie einmal an, Ihre Eltern wären über jeden Zweifel erhaben gewesen und Ihre Mutter hätte immer recht gehabt. Klingt das gut? Natürlich nicht.
Sehen Sie – Kinder brauchen etwas, woran sie sich reiben können, wenn sie älter werden. Sie brauchen jemanden, dem sie die Schuld in die Schuhe schieben können, und ich fürchte, auch das gehört zu Ihren Aufgaben. Dann ist es doch besser, Sie geben ihnen auch mal einen Grund dazu.

> IHRE KINDER WERDEN IHNEN DIE SCHULD AN IRGENDETWAS GEBEN – SO LÄUFT ES NUN MAL.

Also, woran wollen Sie schuld sein? Es sollte natürlich nichts wirklich Schlimmes oder Brutales sein; suchen Sie sich lieber etwas aus, das nicht zu unvernünftig ist und eine kleine Schwäche von Ihnen zeigt. Ist Ihre Zündschnur ein bisschen zu kurz, und Sie gehen leicht in die Luft? Üben Sie vielleicht etwas zu viel Druck aus? Sind Sie ein bisschen neurotisch,

wenn es darum geht, dass alles immer sauber und ordentlich sein muss? Oder, noch besser, warum soll man sich die Mühe machen und sich extra etwas aussuchen? Geben Sie sich einfach so, wie Sie sind, mit Ihren natürlichen Charakterschwächen, das kostet Sie nicht viel Anstrengung und Ihr Kind findet bestimmt etwas, an dem es sich reiben kann.
Das heißt natürlich nicht, dass Sie ganz und gar aus dem Schneider sind und gar nicht mehr versuchen sollten, Ihre Fähigkeiten als Eltern zu verbessern. Wenn dem so wäre, dann wäre der Rest dieses Buches überflüssig. Es bedeutet lediglich, dass Sie sich keine großen Vorwürfe zu machen brauchen, wenn Sie Ihre selbst gesteckten Anforderungen nicht immer voll erfüllen. Was für ein Vorbild wären Sie wohl für Ihre Kinder, wenn Sie keinen einzigen Fehler machen dürften, nicht ein bisschen? Ich hätte keine Lust, solche Eltern zu haben, und ich wette, Ihre Kinder haben das auch nicht.
Ihre Kinder werden Ihnen die Schuld an irgendetwas geben – so läuft es nun mal. Wären Sie perfekt, hätten Ihre Kinder allen Grund, Ihnen genau das vorzuwerfen. Sie können bei diesem Spiel nicht gewinnen. Sie können nur hoffen, dass Ihre Kinder eines Tages, wenn sie selbst Eltern sind, verstehen, wie dankbar sie Ihnen dafür sein können, dass Sie nicht perfekt waren.

3) Bitte schreiben Sie mir jetzt keine entrüsteten Briefe oder Mails, ich würde Ihre Eltern beschimpfen. Es ist nur ein Argument, das ich anführe.

REGEL 3

SIE SOLLTEN WISSEN, WO IHRE STÄRKEN LIEGEN

Als meine ältesten Kinder noch klein waren, war ich immer neidisch auf die anderen Väter, die Stunden damit zubrachten, mit ihren Kindern Fußball zu spielen. Ich fühlte mich immer schuldig, weil ich es nur auf ein paar wenige Minuten brachte. Es lag mir einfach nicht.
Da gab es einen Freund, der seinen Kindern hinten im Garten ein fantastisches Baumhaus baute („Dad, warum können wir nicht auch so ein tolles Baumhaus haben?"). Und die Mutter, die auf jedem Kinderfest eine ungemein raffinierte und spannende Schatzsuche inszenierte. Und die Frau, die ihre Tochter zum selben Ballettkurs wie ich meine brachte und jedesmal so wirkte, als fände sie es ganz toll, und ... Ich könnte noch viele Beispiele nennen.
Wahrscheinlich sind Sie schon weiter, als ich es seinerzeit war. Ich war immer zu sehr fixiert auf das, was diese Leute konnten und ich nicht; dabei konnte ich vieles, was sie nicht konnten – all das, was für mich ganz selbstverständlich war, aber genauso wichtig.
Zum Beispiel lese ich meinen Kindern gerne laut vor. Und da ich ein ziemlich extrovertierter Typ bin (ich geb's zu, fast schon exhibitionistisch), machte es mir einen Heidenspaß, stundenlang vorzulesen und dabei alle Stimmen mit ihren charakteristischen Merkmalen zu sprechen, dramatisch zu flüstern und jede Menge Klangeffekte einzusetzen. Aber all das erschien mir so natürlich, dass ich Jahre brauchte, um zu verstehen, dass diese meine Begabung nicht weniger wertvoll war als das Talent, Baumhäuser zu bauen oder Fußball zu spielen.

An den seltenen Tagen, an denen ich mit meinen Kindern einen Fußball herumkickte, wurde mir schnell klar, dass ich es nur tat, weil ich meinte, es als guter Vater tun zu müssen. Das ist kein schlechter Grund, und es war es auch wert, aber ich werde halt nie so sein wie mein Freund, dessen Begeisterung für das Spiel immer gleich zum Vorschein kam und der seine Kinder damit ansteckte. Dafür kann er wahrscheinlich nicht so gut Geschichten vorlesen wie ich. Oder so schlecht Spaghetti Bolognese kochen wie ich.

Was ich damit sagen will? Eltern, die die Regeln kennen, wissen, was sie gut können. Wir geben deshalb nicht alles andere auf, aber wir spielen unsere Stärken voll aus. Wenn wir nicht so gut im Fußballspielen sind, lesen wir dafür lieber mehr vor, oder wir backen tolle Sachen, oder wir sitzen stundenlang geduldig neben unseren Kindern, wenn sie Klavier spielen lernen, oder wir erklären ihnen, wie man Autos repariert, oder wir teilen ihre Begeisterung für „Star Wars“, Motorräder oder „Mein kleines Pony“ (ja, ich weiß, Letzteres fällt vielen von uns besonders schwer).

Es ist wichtig zu wissen, was Sie gut können und auf Ihre Stärken zu vertrauen. So können Sie anderen Eltern gelassen dabei zusehen, wie sie mit ihren Kindern Dinge tun, die Sie nie fertig brächten, ohne sich dabei schlecht und unvollkommen zu fühlen. Schließlich wissen Sie und ich doch beide, dass auch die anderen Eltern, die wir so bewundern, nicht alles gut können. Wann immer Sie ein bisschen Neid in sich aufsteigen fühlen, halten Sie inne und denken Sie an das, was Sie gut können.

ELTERN, DIE DIE REGELN KENNEN, WISSEN, WAS SIE GUT KÖNNEN. WIR GEBEN DESHALB NICHT ALLES ANDERE AUF, ABER WIR SPIELEN UNSERE STÄRKEN VOLL AUS.

REGEL 4

GELEGENTLICHE AUSNAHMEN SIND BEI FAST JEDER REGEL ERLAUBT

Wir alle wissen: Es gibt Regeln, Systeme, Verfahrensweisen und Methoden, die man als Mutter oder Vater einfach zu befolgen hat. Sie wissen doch, was ich meine: Geben Sie Ihren Kindern kein schlechtes Essen, lassen Sie sie nicht zu lange aufbleiben, lassen Sie sie nicht vor dem Fernseher sitzen, bis sie viereckige Augen haben, erlauben Sie ihnen nicht, zu fluchen, bevor sie alt genug dazu sind (bevor Sie jetzt fragen, lesen Sie Regel Nr. 76).

Aber wir Eltern, die wir die Regeln beachten, wissen auch, dass es einige wenige Regeln gibt, die man aus gutem Grund auch mal brechen kann. Okay, man soll seinen Kindern nur gesundes Essen geben, und das am besten fünfmal am Tag, wie empfohlen. Aber wenn Sie nach einem langen, anstrengenden Tag todmüde nach Hause kommen, geht die Welt auch nicht unter, wenn Sie einmal Tiefkühl-Fischstäbchen servieren.

Es geht darum, sich Gedanken zu machen, was schlimmstenfalls passieren kann, wenn Sie die Regel brechen. Klar, es kann lebensgefährlich werden, wenn Sie sich und die Kinder im Auto nicht anschnallen, also sollten Sie es immer tun. Aber wenn Sie abends einmal nicht mehr baden, weil Sie alle hundemüde sind – ist das wirklich so schlimm?

Denken Sie daran, in diesem Abschnitt geht es um Regeln für Ihre seelische Gesundheit. Und das Wichtige an dieser Regel ist: Sie sollten erkennen, dass es mehr darauf ankommt, dass Ihre Kinder seelisch stabile Eltern haben als darauf, dass sie auf keinen Fall Fischstäbchen essen. Manche Eltern machen sich selbst das Leben unnötig schwer, wenn sie meinen, man müsse jede Regel unter allen Umständen einhalten. Sie machen aus jeder Mücke einen Elefanten.

Eines Tages haben wir mit unseren Kindern einen Ausflug gemacht. Zu Beginn fuhren wir mit einer Dampfeisenbahn. Unser Jüngstes war damals erst ein paar Wochen alt, das andere Kind zwei Jahre. Erst als wir am Bahnhof waren, bemerkten wir, dass unser Zweijähriger gar keine Schuhe anhatte. Nun gibt es natürlich ein ungeschriebenes Gesetz, das besagt, mach keinen Ausflug mit deinen Kindern, ohne ihnen zuvor Schuhe anzuziehen. Es gab für uns nur zwei Möglichkeiten: Den Ausflug abzubrechen oder barfuß weiterzulaufen. Unser Zweijähriger überlegte nicht lange und lief barfuß auf den Zug zu.

Nun hatten wir Eltern wiederum zwei Möglichkeiten – uns über sein Verhalten aufzuregen oder mit dem Strom zu schwimmen. Wie Sie und ich wissen, ist manchmal die einzig vernünftige Entscheidung, den Dingen ihren Lauf zu lassen. Entweder wir – und unser Kind – genießen barfuß einen schönen Ausflug ins Grüne, oder wir ärgern uns über etwas, das wir nicht ändern können und machen damit ihm und uns den Tag kaputt. Es war eine der Gelegenheiten, wo man eine Regel eben auch mal bricht (natürlich aber nicht die beste Gelegenheit, auch noch eine Ausnahme von der Abends-Bade-Regel zu machen).

Die Moral von der Geschicht': Wenn Sie darauf bestehen, jede Regel zu jeder Zeit einzuhalten, brechen Sie damit, ob Sie's wollen oder nicht, die Regel Nr. 3. Da haben Sie den Salat!

WIE SIE UND ICH WISSEN, IST MANCHMAL DIE EINZIG VERNÜNFTIGE ENTSCHEIDUNG, DEN DINGEN IHREN LAUF ZU LASSEN.

REGEL 5

VERSUCHEN SIE NICHT, ALLES ZU TUN

Was soll Ihr Kind werden, wenn es einmal groß ist? Ein preisgekrönter Jockey? Eine Prima Ballerina? Wissenschaftler oder Fußballprofi? Konzertgeiger oder Schauspieler? Es ist nicht einfach, ein Talent schon in jungen Jahren zu erkennen. Deshalb halten Sie Ihrem Kind lieber alle Möglichkeiten offen und bezahlen Sie ihm Extra-Unterricht in Sachen, die es interessieren. So kann Ihr Kind Ihnen später keine Vorwürfe machen, Sie hätten sein Talent nicht rechtzeitig gefördert, wenn etwas nicht klappt.

Natürlich ist der Stundenplan dann ganz schön voll. Montags Fußballtraining, am Dienstag Schauspiel, am Mittwoch Klarinette – und danach noch Schwimmen. Am Donnerstag ist Ballett dran, und am Freitag Gymnastik. Und am Wochenende Reiten. Und das Ganze nur für ein Kind. Lustig wird's erst, wenn Sie zwei oder drei haben.

Halt mal. Ich glaube, da fehlt was. Was ist mit ‚glücklich im Garten spielen'? Was ist damit, dass sie ja lernen sollten, ihre Freizeit selbst zu gestalten? Wo haben sie bei so einem strammen Wochenplan noch Zeit, ein Comic-Heft durchzublättern oder einfach nur herumzulatschen, nichts zu tun und Löcher in die Luft zu starren und an nichts zu denken? Auch das gehört schließlich zu einer glücklichen Kindheit.

Kennen Sie nicht auch die Kinder, deren ganzes Leben nur aus Lektionen, Üben und Nachhilfe besteht? Haben Sie schon mal beobachtet, was passiert, wenn Sie sie bitten, ein paar Tage für sich selbst zu sorgen? Nehmen wir mal an, sie fahren in den Urlaub, an einen schönen, ruhigen Ort – in

die Berge, an die Küste oder aufs Land, egal. Was dann? Sie haben keine Idee, was sie da sollen. Sie wissen gar nicht, wie sie sich da beschäftigen und amüsieren können – sie hatten ja nie Zeit, es zu lernen. Das bedeutet, dass es wirklich anstrengend wird für sie, wenn sie erst einmal erwachsen sind. Sie können sich nicht entspannen, denn niemand hat ihnen beigebracht, wie sowas geht.
Keine Angst – ich sage nicht, Sie sollen Ihren Kindern alle außerschulischen Aktivitäten verbieten. Das wäre ziemlich dumm. Aber Sie sollten die Aktivitäten auf, sagen wir mal, zweimal pro Woche beschränken. Lassen Sie sie selbst aussuchen, welche zwei sie machen wollen. Überreden Sie sie nicht zum Geigenunterricht, nur weil Sie selbst es als Kind so gern gelernt haben. Oder weil Sie es nie lernen durften und es sich so sehr gewünscht hätten. Wenn sie etwas Neues anfangen wollen, sollten sie dafür mit etwas anderem aufhören. (Doch, sie sollten auch mit dem Ballettunterricht aufhören dürfen, auch wenn die Lehrerin Ihnen versichert, sie seien begabt.)

SIE SOLLTEN AUCH MIT DEM BALLETTUNTERRICHT AUFHÖREN DÜRFEN, AUCH WENN DIE LEHRERIN IHNEN VERSICHERT, SIE SEIEN BEGABT.

Erinnern Sie sich noch an die ruhigen, ausgeglichenen Eltern von Regel Nr. 1? Wie viele der besten Eltern, die Sie kennen, bringen ihre Kinder fast jeden Wochentag woanders hin? Keiner. Sie lassen ihre Kinder ein paar wenige Dinge lernen, an denen sie besonders viel Interesse haben, und den Rest der Zeit amüsieren sich die Kinder damit, sich zu verkleiden, zu puzzeln, sich schmutzig zu machen, Dinge aus leeren Pappkartons zu basteln, im Garten nach Käfern zu suchen, all ihre Dinosaurier in Reih und Glied aufzustellen, Bücher zu lesen, für die sie eigentlich schon zu alt sind und alle möglichen anderen Dinge zu tun, die Kinder tun sollten, weil es gut für sie ist und weil sie ihren Eltern nicht den ganzen Tag auf die Nerven gehen können.

REGEL 6

SIE MÜSSEN NICHT JEDEN RATSCHLAG BEFOLGEN (AUCH DIESEN NICHT).

Was hat Ihre Mutter immer gesagt? Du musst das Baby beim Stillen alle zehn Minuten sein Bäuerchen machen lassen. Und Ihre Schwiegermutter sagt, es sei viel besser, ihnen Sachen zum Anziehen zu kaufen, die nicht über den Kopf gezogen werden müssen. Und Ihre beste Freundin hat gesagt, Sie sollten ja keinen Tragekorb kaufen. Obwohl Ihr Schwager neulich meinte, der könne einem Baby das Leben retten ... aaaah!
Und das ist erst der Anfang. Die gut gemeinten Ratschläge, die Sie zum ersten Baby von Freunden und Verwandten gratis bekommen, können einen förmlich erschlagen. Selbst 18 Jahre später hört es nicht auf. Da heißt es: „Ach, warum sollen sie denn unbedingt studieren? Eine Ausbildung ist doch was viel Reelleres." Oder: „Jetzt, mit 18, sollten sie aber langsam aus dem Haus, sonst habt Ihr sie mit 30 noch an der Backe." Oder: „Kauft ihnen doch kein Auto! Besser ist, sie jobben und sparen selbst das nötige Geld dafür an. Das mussten wir schließlich auch machen!"
Es gibt nur einen Menschen, auf den Sie wirklich hören sollten – Sie selbst. Und wenn Sie nicht alleinerziehend sind, sondern in einer Partnerbeziehung leben, sollten Sie auf die Meinung Ihrer Partnerin oder Ihres Partners hören. Aber belassen Sie es dabei – anderenfalls drehen Sie durch. Und denken Sie immer daran – Sie sollten vernünftig und geistig gesund bleiben.

Ich sage nicht, Sie sollten sich fremde Ratschläge nicht anhören, wenn Sie das wollen. Vielleicht fällt sogar hin und wieder ein sehr nützlicher Tipp für Sie dabei ab. Aber selbst wenn die anderen recht haben, brauchen Sie noch lange nicht zu tun, was sie Ihnen sagen. Nur weil eine bestimmte Methode, ein bestimmter Trick, ein bestimmter Gegenstand, ein System, eine Technik oder was weiß ich für andere gut war, muss es noch lange nicht das Richtige für Sie sein. Jedes Kind ist anders als das andere, Gleiches gilt auch für die Erwachsenen; daher ist es eher unwahrscheinlich, dass die Ratschläge anderer auch Ihnen helfen.

> NUR WEIL EINE BESTIMMTE METHODE, EIN BESTIMMTER TRICK, EIN BESTIMMTER GEGENSTAND, EIN SYSTEM, EINE TECHNIK ODER WAS WEISS ICH FÜR ANDERE GUT WAR, MUSS ES NOCH LANGE NICHT DAS RICHTIGE FÜR SIE SEIN.

Eines Tages bat mich meine Nachbarin um meine Meinung, ob sie versuchen sollte, ihr kürzlich geborenes Baby an einen festen Ablauf von Schlaf und Mahlzeiten zu gewöhnen. Es hatte keinen Sinn, dass sie mich um Rat fragte – wir beide waren zu unterschiedlich. Sie war sehr ordnungsliebend, präzise und gut organisiert und geriet leicht in Stress, wenn irgendetwas nicht nach Plan lief. Ich hingegen bin da viel lockerer und war froh, wenn meine Kinder schlafen konnten, wenn sie müde waren und essen, wenn sie hungrig waren.
Eltern, die sich nach den Regeln richten, haben das Selbstvertrauen, Ratschläge nicht zu befolgen, die irgendwie nicht richtig für sie klingen. Also hören Sie erst mal aufmerksam zu und überlegen Sie gut, ob die Empfehlung für Sie und Ihre Situation passt. Wenn der Tipp nicht auf Anhieb gut klingt, ist er es wahrscheinlich auch nicht. Dann lächeln Sie höflich und sagen Sie: „Danke, ich überlege es mir."

REGEL 7

ES IST NORMAL, DASS SIE MANCHMAL AM LIEBSTEN DAVONLAUFEN WÜRDEN

Reden wir mal über ein Tabu. Nicht über den Tod, über Drogen oder Moriskentänze oder so was, sondern über eines der größten Tabus von allen: Zuzugeben, dass Sie Ihre Kinder manchmal gerne los wären ...

Natürlich ist es streng verboten, zuzugeben, dass Ihre kleinen Lieblinge manchmal richtige Widerlinge sein können. Sie können sich über sich selbst lustig machen und sich selbst dafür verurteilen, aber Sie dürfen nicht ernsthaft sagen, dass es Zeiten gibt, wo Sie am liebsten nur noch weg wollen. Wie können Sie nur? Ihre Aufgabe ist es, Ihre Kinder zu lieben, und wenn Sie das tun, folgt daraus, dass Sie sie immer lieben. Sie müssen freundlich lächeln, auch wenn Sie ihnen drei Monate lang Abend für Abend dieselbe langweilige Geschichte vorlesen sollen. Sie müssen nachsichtig lächeln, wenn sie wild herumtoben und dabei schrille Schreie ausstoßen und mit ihnen lachen, wenn sie Ihnen denselben albernen Witz zum 25. Mal erzählen – und das auch noch falsch.

Das Seltsame ist: Über anderer Leute Kinder darf man sich ärgern (solange man es ihnen nicht offen ins Gesicht sagt). Wir alle wissen, dass Kinder furchtbar nerven können. Daraus folgt, dass auch Ihre eigenen Kinder Sie manchmal schier verrückt machen können. Und das ist ganz gut so.

Kinder sind ziemlich gut darin, uns zu nerven. Sie fangen schon kurz nach der Geburt damit an. Das Geschrei eines Neugeborenen ist schrill und bohrt sich so lange in Ihr Gehirn, bis Sie etwas tun. Und wie es funktioniert! Von da an gehen Ihnen die Kleinen immer wieder auf die Nerven. Manchmal ist es nicht einmal ihre Schuld. Im Gegenteil – Sie als Eltern fühlen sich sogar besonders schuldbewusst, wenn Sie wissen, dass es nicht ihre Schuld ist. Aber wenn sie ihre Zähne kriegen und Sie deswegen drei Nächte hintereinander wach halten, wird es schwer, das notwendige Verständnis aufzubringen. Sie wissen, Sie sollten es eigentlich tun, aber in Wirklichkeit wollen Sie nur noch, dass Ihr Kind endlich die Klappe hält und Sie schlafen lässt. Mein Gott, es ist doch nur ein Zahn!

Nun, ich habe eine Nachricht für Sie: Jeder Mutter, jedem Vater geht es hin und wieder so. Es wird Phasen geben, da geht es Ihnen fünfzigmal am Tag so, dazwischen gibt es welche, da tritt das Gefühl vielleicht nur ein-, zweimal die Woche auf. Akzeptieren Sie einfach, dass es ganz natürlich so ist. Jeder Elternteil, der das nicht zugibt, lügt. Sie können es nicht ändern, dass Ihr Kind Ihnen manchmal auf die Nerven geht, aber Sie brauchen sich deswegen nicht schuldig zu fühlen.

Denken Sie immer daran, dass alles seine zwei Seiten hat. Erinnern Sie sich noch daran, wie es war, als Sie selbst ein Kind waren? Egal, wie sehr Ihre Kinder Ihnen auf den Wecker gehen, die Chancen stehen gut, dass Sie ihnen mindestens genauso auf die Nerven fallen. Das heißt, Sie sind quitt.

ÜBER ANDERER LEUTE KINDER DARF
MAN SICH ÄRGERN. WIR ALLE WISSEN,
DASS KINDER FURCHTBAR NERVEN KÖNNEN.

REGEL 8

SIE DÜRFEN SICH GERNE MAL VOR IHREN KINDERN VERSTECKEN

Wenn es in Regel Nr. 7 heißt, Ihre Kinder dürfen Sie bis an den Rand des Wahnsinns treiben, folgt daraus, dass Sie das Recht haben, etwas dagegen zu tun. Ich persönlich bin dafür, dann wegzulaufen und mich zu verstecken. Ich meine das ernst – ich war bekannt dafür, dass ich mich in solchen Situationen in den nächsten Schrank geflüchtet und den Atem angehalten habe, bis sie aus dem Zimmer waren.

Sie kennen das Gefühl bestimmt: Sie hören sie immer näher kommen, Sie hören, wie sie einander anschreien: „Ich sag's dem Papa!" – „Nein, ICH sag's dem Papa, was Du für ein … bist!" Sie wissen, gleich kommt Ihr Part. Sie haben nicht die leiseste Ahnung, wer wem was getan hat und ob der ganze Streit überhaupt gerechtfertigt ist. Was können Sie tun, wenn Sie die Regeln befolgen wollen? Die Antwort lautet für mich ganz einfach: Verstecken Sie sich. Und wissen Sie was? Wenn Ihre Kinder Sie nicht finden, tragen sie ihren Konflikt fast immer untereinander aus.

ICH WAR BEKANNT DAFÜR,
DASS ICH MICH IN SOLCHEN SITUATIONEN
IN DEN NÄCHSTEN SCHRANK GEFLÜCHTET
UND DEN ATEM ANGEHALTEN HABE,
BIS SIE AUS DEM ZIMMER WAREN.

Viele Bücher über Kindererziehung raten Ihnen, eine „Auszeit“ zu nehmen, wenn sich Ihre Kinder schlecht benehmen. Sie sollen sie dann entweder in ihr Zimmer schicken oder in die „Schmollecke“[4], bis sie sich beruhigt haben. Das kann ja auch hie und da ganz gut funktionieren. Aber warum sollen nur Ihre Kinder etwas davon haben? Auch Sie sollten eine „Auszeit“ bekommen. Wenn Sie sich erst einmal beruhigen müssen, sollten Sie sich einfach selbst eine genehmigen. Das bedeutet, dass Sie einfach zusehen, dass Sie von den Kindern wegkommen – und sei es, indem Sie sich verstecken.

Eine Freundin hat mir vor vielen Jahren, kurz vor der Geburt meines ersten Kindes, erzählt, dass es Zeiten gab, wo sie ihr Baby am liebsten geschlagen hätte, so erschöpft und frustriert sei sie gewesen. Diese Aussichten beunruhigten mich ziemlich, und so fragte ich sie, was sie dagegen getan habe. Sie sagte, sie habe nur eine Lösung gewusst: Das Baby mitten auf den Boden zu legen, wo es sich nicht wehtun konnte und dann so weit wegzulaufen, bis sie es nicht mehr schreien hörte – und bis sie die Fassung wiedergewonnen hatte.

Warum meinen so viele von uns, sie dürften das nicht tun – selbst wenn sie kurz davor sind, durchzudrehen? Weil wir denken, wir hätten dann als Eltern versagt. Dabei ist es die logischste Lösung, die es gibt. Eltern, die sich nach den Regeln richten, verstehen, dass wir alle nur Menschen sind und dass wir alle manchmal weglaufen oder uns verstecken müssen. Wenn wir nach unserer Auszeit erfrischt zurückkommen, können wir unserer Aufgabe wieder viel besser gerecht werden.

4) Es kommt mir immer irgendwie ungerecht vor, eine Ecke als Schmollecke auszuwählen. Wie kann es sein, dass eine Ecke so viel böser ist als alle übrigen Ecken im Haus?

REGEL 9

AUCH ELTERN SIND NUR MENSCHEN

Wann sind Sie das letzte Mal ohne Ihre Kinder essen gegangen? Wann haben Sie das letzte Mal einen Abend bei Freunden verbracht, ohne auch nur einmal über Ihre Kinder zu reden? Wann waren Sie das letzte Mal betrunken? Wann haben Sie das letzte Mal einen halben Tag damit zugebracht, allein an einer Maschine herumzubasteln oder sich um den Garten zu kümmern oder ein paar Stunden einfach nichts zu tun, bevor Ihre Kinder wieder nach Hause kamen?

Ich hoffe für Sie, es ist nicht allzu lange her. Wenn Sie es zulassen, kann die Elternrolle Sie auffressen. Wir Eltern, die wir uns an die Regeln der Vernunft halten wollen, sollten wissen, wann es Zeit ist abzuschalten. Natürlich sind wir dabei immer auf Stand-by, nie ganz ausgeschaltet, aber im Standby-Modus kann man eine Menge Spaß am Leben haben.

Diese Regel ist wirklich wichtig, denn abgesehen von allem anderen: Wenn Ihre Kinder Ihr einziger Lebensinhalt sind, setzt sie das viel zu sehr unter Druck. Irgendwie spüren sie, dass Ihr persönlicher Erfolg ganz und gar auf ihrer eigenen Leistung beruht und darauf, wie gut sie sich entwickeln. Das ist eine große Belastung für ein Kind.

Diese Regel ist in den ersten Monaten viel schwerer zu befolgen als später – ich bin sogar bereit, Ihnen die ersten drei Monate zu erlassen –, aber Sie sollten sich sobald wie möglich daran gewöhnen. Ihre Kinder brauchen es, dass Sie auch ein Eigenleben haben, sonst wird es für sie selbst extrem schwer, ihr eigenes Leben zu führen, wenn sie älter werden. Wenn Sie sich zu Hause einsperren und Ihr ganzes Leben nur noch um die Essens- und Schlafenszeiten Ihrer Kinder herum bauen, werden Sie in ein paar Jahren, wenn Sie die Haustür wieder aufmachen, dumm aus der Wäsche schauen, weil Sie dann keine Freunde mehr haben. Das ist bestimmt nicht sehr hilfreich.

Mit den Jahren habe ich festgestellt, dass diejenigen Eltern, die die Regeln befolgen und die ich besonders bewundere, immer eigene Interessen haben, die mit ihrer Elternrolle nichts zu tun haben. Vielleicht basteln sie begeistert an ihrer beruflichen Karriere, oder sie machen einmal im Jahr ganz allein Urlaub, oder sie spielen donnerstags immer Tennis oder gehen sonntags immer Boot fahren oder zum Pokalfinale, sie fahren im April nach Paris oder was auch immer – irgendetwas, das dafür sorgt, dass sie ausgeglichen bleiben.

Ich weiß, dass es schwer ist und dass Ihre Zeit jetzt kostbarer ist. Natürlich werden Sie jetzt seltener in Nachtklubs gehen und weniger Drogen einwerfen[5] als früher, bevor Sie Nachwuchs hatten. Aber Sie sollten zumindest einen Teil der Hobbys, die Sie früher hatten, weiter pflegen. Sonst wissen Sie in 18 Jahren, wenn Ihre Kinder ausziehen, nichts mehr mit sich anzufangen.

DIEJENIGEN ELTERN, DIE DIE REGELN BEFOLGEN UND DIE ICH BESONDERS BEWUNDERE, HABEN IMMER EIGENE INTERESSEN, DIE MIT IHRER ELTERNROLLE NICHTS ZU TUN HABEN.

5) War nur ein kleiner Scherz – nicht gleich wieder an mich schreiben.

REGEL 10

VERNACHLÄSSIGEN SIE IHRE PARTNERSCHAFT NICHT

Diese Regel ist ziemlich leicht zu verstehen. Das Schwierige daran ist eher, sie zu beherzigen. Für viele Eltern ist sie nur ein Lippenbekenntnis, viel weniger Eltern sorgen wirklich dafür, sie auch praktisch umzusetzen. Dabei wissen Sie und ich, dass es eine der wichtigsten Regeln von allen ist, wenn Sie nicht irgendwann mit Ihren Kindern allein dastehen wollen.

Sie haben Ihre Partnerin/Ihren Partner genug geliebt, um mit ihr/ihm Babys zu bekommen. Das ist eine Angelegenheit, die Sie ernst nehmen sollten. Dieser Mensch sollte der wichtigste in Ihrem Leben sein. Vielleicht beansprucht er weniger Zeit und weniger Aufmerksamkeit als Ihre Kinder, aber er sollte immer noch der Gegenstand Ihrer Liebe sein. Kinder zu haben, verändert Ihre Beziehung mehr, als Sie vielleicht ursprünglich gedacht haben, aber in 20 Jahren wird es wieder so sein, wie es zu Beginn einmal war – nur Sie beide. Und sollte Ihre Partnerin, bzw. Ihr Partner nicht das Wichtigste in Ihrem Leben sein, sitzen Sie ganz schön dumm da, wenn Ihre Kinder das Elternhaus verlassen. Und Ihre Kinder auch – es fällt ihnen auch so schon schwer genug zu gehen, da brauchen sie nicht noch das Gefühl zu haben, dass sie die Welt der Eltern damit ebenfalls durcheinanderbringen. Ihre Kinder müssen wissen, dass Sie beide einander am meisten lieben. Das macht sie frei, ihr eigenes Leben zu führen und eines Tages Partner zu finden, die sie noch mehr lieben können als Sie.

Wie kann die Lösung aussehen? Zum Teil ist es eine Sache der Organisation: Machen Sie es sich zum Ziel, einmal in der Woche zu zweit auszugehen.

Sollten Sie keinen Babysitter finden, fragen Sie andere Eltern, ob sie bereit sind, Ihre Kinder zu hüten und hüten Sie dafür auch mal deren Kinder. Dann gehen Sie einfach spazieren, essen Sie eine Kleinigkeit. Machen Sie irgendetwas miteinander. Egal, was. Aber sorgen Sie dafür, dass Sie dieses „Nur-wir-zwei"-Lebensgefühl aus Ihrer früheren Zeit nicht verlieren.

SIE HABEN IHREN PARTNER GENUG GELIEBT,
UM MIT IHM BABYS ZU BEKOMMEN.
DAS IST EINE ANGELEGENHEIT, DIE SIE ERNST
NEHMEN SOLLTEN.

Wenn das zu schwierig ist (wenn Sie mehr als ein Kind haben, wissen Sie, was ich meine ... huch, wo sind bloß auf einmal alle Babysitter hin?), dann nehmen Sie eben die Kleinen beim Spazierengehen mit, aber reden Sie übereinander und nicht darüber, was das Baby gestern gemacht hat.
Dann gibt es ja auch noch das Thema Sex. Wir alle wissen, wie schwer es oft ist, sich dafür Zeit zu nehmen, wenn man gestresst und müde ist, die ganze Zeit mit dem Baby zu tun hat, sich leer und ausgebrannt und lustlos fühlt und wenn Ihnen das Baby womöglich auch noch von seinem Bettchen aus dabei zuschaut. Manchmal sind akrobatische Übungen, wie der Schwung vom Kronleuchter, zur Nacht nicht mehr drin. Aber Sie können sich doch bestimmt einen Abend in der Woche für ein besonderes Essen oder einen schönen Film freihalten und sich dabei gegenseitig ein bisschen massieren? Ich weiß, Sie haben das alles schon gehört, aber es funktioniert tatsächlich. Wenn Sie sich die Mühe machen und einander Ihre Liebe und Zuwendung schenken, werden Sie hinterher sehr froh darüber sein. Konzentrieren Sie sich eine Zeitlang mehr auf Qualität als auf Quantität (im Rahmen des Machbaren), wenn Ihnen das hilft. Und wenn die Kinder erst ein bisschen älter sind, wer weiß, vielleicht kommt dann ja der Kronleuchter wieder zum Einsatz ...

REGELN FÜR DIE RICHTIGE INNERE EINSTELLUNG

Wesentlich für Eltern, die ihr Leben nach diesen Regeln ausrichten möchten, ist die richtige innere Einstellung. Sobald Sie gelernt haben, Ihre Kinder und Ihre Aufgabe als Eltern richtig zu sehen, ergibt sich das Übrige meist von allein.
Es gilt also in diesem Abschnitt um die innere Einstellung, mit der Sie, wenn Sie die Regeln befolgen wollen, ans Elternsein herangehen sollten. Es geht um Ihre Einstellung zu Ihren Kindern und zu Ihrer Aufgabe als Eltern. Sie müssen Ihr Kind ins beste Licht rücken, um ihm möglichst gut gerecht zu werden und von ihm so viel wie möglich zu haben. Wenn Sie es als Dämon oder als Engel ansehen oder es auf irgendeine andere Weise negativ oder unrealistisch betrachten, werden Ihnen die nächsten paar Jahre ziemlich schwerfallen.
Es ist wichtig, dass Sie von Anfang an die richtige Beziehung zu Ihren Kindern finden, sodass sie in Ruhe wachsen und schrittweise unabhängiger werden können und Sie selbst genauso viel davon profitieren wie sie.

REGEL 11 LIEBE ALLEIN REICHT NICHT

Wie oft haben Sie schon den Satz gehört: „Das Wichtigste, was Du Deinem Kind geben kannst, ist Liebe"? Natürlich ist Liebe etwas ganz Wesentliches. Ich denke, da sind wir uns alle einig. Aber wenn das alles wäre, was Sie ihnen geben können, wären Ihre Kinder ganz schön traurig dran.

Eltern mit Hippie-Stil (ich weiß, wovon ich rede, ich war selbst mal einer) haben oft die Vorstellung, ihre Kinder sollten wild und frei herumlaufen – mit dem Wind in ihren Haaren und der Erde unter ihren bloßen Füßen – ganz einfach glücklich, weil sie wissen, dass Sie sie lieben. Man sollte sie nie zu etwas zwingen (Kontrolle ist Macht) oder in ihrem Verhalten einschränken (Sie umgeben sie mit metaphorischen Gitterstäben).

Bitte entschuldigen Sie mich einen Moment.

So, jetzt ist mir wieder besser. Ich war gerade beim Kotzen. Jetzt bin ich wieder da.

Als jemand, der in Glastonbury lebte, habe ich genügend Hippie-Kinder nach dieser Devise aufwachsen sehen. Wenn sie dann erwachsen wurden, mussten sie sich mühevoll ihren Platz in der realen Welt erkämpfen und hatten ebenfalls ziemliche Mühe, reife Beziehungen zu Freunden und Arbeitskollegen einzugehen. Manche von ihnen hatten sogar Probleme, ein ganz normales Essen herunterzukriegen, waren sie doch 18 Jahre lang nur mit sprießenden Kichererbsen ernährt worden. Ich kenne sogar ein Paar Hippie-Kinder, die ins Ausland gezogen sind, um ihren Eltern zu entkommen.

Sicherlich müssen wir unseren Kindern jede Menge Liebe geben. Aber es gibt da noch ein paar andere Dinge, die sie brauchen: Disziplin, Selbstdisziplin, Werte, die Fähigkeit, gute Beziehungen zu knüpfen, eine gesunde Lebensweise, Interessen, eine gute Bildung, einen offenen Verstand, die Fähigkeit, selbständig zu denken, Verständnis für den Wert des Geldes, Durchsetzungsvermögen und Lernfähigkeit – und gelegentlich auch mal wieder einen Haarschnitt.

He, niemand hat behauptet, es wäre leicht. Als Sie sich dafür entschieden haben, Kinder haben zu wollen, haben Sie eine riesengroße Verantwortung übernommen, und es wird für den Rest Ihres Lebens eine schwierige Aufgabe sein. Es reicht eben nicht, nur zu meinen, Sie müssten sie nur lieben und könnten dann schon die Frage ankreuzen: „Sind Sie gute Eltern?" Es ist nicht gut für Kinder, sie tun zu lassen, was sie wollen, wann sie es wollen. Das heißt, Sie müssen sich immer wieder einmischen, und das kann Sie Blut, Schweiß und Tränen kosten. Aber sehen Sie sich doch um – viele Eltern machen es richtig, also kann es doch nicht so schwer sein. Aber Sie sollten sich darüber im Klaren sein, dass Sie da eine große Aufgabe vor sich haben. Zum Glück haben Sie auch 18 Jahre Zeit dafür, sie zu machen.

ALS SIE SICH DAFÜR ENTSCHIEDEN HABEN, KINDER HABEN ZU WOLLEN, HABEN SIE EINE RIESENGROSSE VERANTWORTUNG ÜBERNOMMEN, UND ES WIRD DEN REST IHRES LEBENS EINE SCHWIERIGE AUFGABE SEIN.

REGEL 12

FÜR JEDES REZEPT BRAUCHT MAN MEHRERE ZUTATEN

Regel Nr. 11 besagt: Sie müssen erheblich mehr für Ihre Kinder tun, als sie nur zu lieben. Was also sollen Sie tun? Nun, auf diese Frage gibt es nicht nur eine simple Antwort. Manches hängt von der Persönlichkeit Ihres Kindes und von Ihren Lebensumständen ab.

Sie können nicht nur eine Reihe von Anweisungen befolgen und sie ohne nachzudenken auf jedes Kind, das Sie haben, anwenden. Kinder funktionieren so nicht. Ich habe Freunde, die haben jedes ihrer drei Kinder nach derselben Methode erzogen, und alles lief glatt. Dann kam Kind Nummer 4, und er war völlig anders. Er sah die Welt mit anderen Augen, konnte keinerlei Autoritäten akzeptieren, hatte Mühe, die Menschen um ihn herum zu verstehen. Er war ein niedliches Kerlchen, aber fürchterlich schrullig. Zum Beispiel bestand er darauf, jede Nacht in seiner Kleidung zu schlafen, mit der Begründung, es sei doch sinnlos, die Sachen abends aus- und morgens wieder anzuziehen.

Meine Freunde gerieten ständig mit ihm aneinander, weil er ihren Erwartungen von einem wohlerzogenen Kind nicht entsprach, wie seine drei älteren Geschwister es taten. Aber sie waren so vernünftig, sich zusammenzusetzen und miteinander zu besprechen, was bei ihm half und was nicht und warum, und ob es gerecht und zielführend war, ihn nach denselben Standards zu erziehen wie die übrigen drei. Sie passten einige ihrer Regeln an, andere hingegen nicht. Es war nicht so wichtig, welche – wichtig war nur, dass sie darüber nachdachten, was sie da taten und warum sie es taten.

Wissen Sie was? Sie fingen an, sich Fragen zu stellen und dachten jetzt auch darüber nach, wie sie die anderen drei behandelten. Dabei stellte sich heraus, dass sich auch die Beziehungen zu den drei anderen Kindern noch verbessern ließen.
Der Trick bestand darin, sich alle Bereiche, in denen es Konflikte, Stress oder Schwierigkeiten mit einem der Kinder gab, anzusehen und sich zu fragen, warum und was sie dagegen tun konnten.
Wenn Sie nicht immer wieder nachdenken über das, was Sie da tun, ist es eher unwahrscheinlich, dass Sie es richtig machen. Wenn Sie vor einem Einkauf nicht darüber nachdenken, was Sie kaufen wollen, kommen Sie mit einem unnützen Sammelsurium von Waren aus dem Supermarkt zurück. Wenn Sie sich vor Antritt Ihres Urlaubs nicht überlegt haben, was Sie sich von dem Urlaub erwarten, ist es weniger wahrscheinlich, dass Sie Spaß daran haben werden. So ist es auch hier: Wenn Sie sich vorher keine Gedanken gemacht haben, wie Sie Ihre Kinder erziehen wollen, läuft es vielleicht einigermaßen gut, aber Sie können dann wohl kaum Ihr Bestes geben.

WENN SIE VOR EINEM EINKAUF NICHT DARÜBER NACHDENKEN, WAS SIE KAUFEN WOLLEN, KOMMEN SIE MIT EINEM UNNÜTZEN SAMMELSURIUM VON WAREN AUS DEM SUPERMARKT ZURÜCK.

REGEL 13

LÄCHELN SIE, WENN SIE IHR KIND SEHEN

Es gibt eine Sache, die mich wirklich auf die Palme bringt. Ich habe unzählige Male sehen müssen, wie Eltern das falsch gemacht haben: Das Kind kommt mittags von der Schule oder abends nach dem Spielen heim, und kaum ist es durch die Tür gegangen, wird es auch schon begrüßt mit einem: „Zieh die dreckigen Schuhe aus!" Oder mit dem Satz: „Jetzt mach erst mal die Hausaufgaben, bevor Du irgendwas anderes machst!"

Eine Freundin von mir kam eines Tages vorzeitig aus der Schule heim, mit einer großen Beule am Kopf, weil sie beim Sportunterricht gestürzt war. Damals durfte man noch selbst nach Hause gehen, wenn einem so etwas passiert war. Als das Mädchen durch die Tür kam, wischte seine Mutter gerade den Küchenboden. Die Mutter sagte mit zusammengezogenen Augenbrauen schroff: „Komm jetzt bloß nicht hier rein. Der Boden ist nass!"

Wie sollen Kinder wie sie spüren, dass ihre Eltern sie lieb haben? Selbst der Hund, die Großeltern, der Briefträger[6] und die Freunde der Kinder werden von ihnen freundlicher begrüßt als ihr eigenes Kind.

Die Alternative, die viele Eltern praktizieren, besteht darin, die Kinder, wenn sie hereinkommen, einfach zu ignorieren, als seien sie ein Möbelstück oder so. Das ist auch nicht besser, denn fehlende Aufmerksamkeit ist keinen Deut besser als bloßes Herumnörgeln oder Anbrüllen.

An Schultagen hat es jeder in der Familie morgens beim Frühstück sehr eilig. Aber Freundlichsein kostet nicht mehr Zeit und alles, was dazu dient,

die Kinder ein bisschen weniger mürrisch zu machen, während man sie kämmt oder versucht, ihnen einen Bissen Brot reinzuschieben, kann es nur besser machen, oder?
Ist es denn so schwer, ihnen ein Lächeln zu schenken oder sie noch mal kurz in den Arm zu nehmen (solange sie einen noch lassen)? Es ist nur eine kleine Geste, aber für Ihre Kinder ist es ein großer Unterschied. Sie wollen doch nur spüren, dass Sie sich freuen, sie zu sehen.

IST ES DENN SO SCHWER,
IHNEN EIN LÄCHELN ZU SCHENKEN
ODER SIE KURZ IN DEN ARM ZU NEHMEN?

Auch wenn ihre Schuhe wirklich dreckig sind und Sie gerade erst den Küchenboden gewischt haben (wobei ich mich frage, warum, wenn Sie sich doch denken können, dass die Kinder gleich mit dreckigen Schuhen hereinkommen werden), können Sie sie immer noch mit etwas Humor stoppen und sie dann in den Arm nehmen und küssen, zum Dank dafür, dass sie mitgedacht haben.

6) Nichts gegen Briefträger. Wir haben zwei Briefträger, und beide grüßen mich morgens immer freundlich. Sie werden „Wurm“ und „Maulwurf“ genannt, allerdings nur unter Dritten. Der „Wurm“ ist immer früher dran.

REGEL 14

BEHANDELN SIE IHR KIND MIT RESPEKT

Ich kenne eine Mutter, die ihren Kindern den ganzen Tag nur Befehle erteilt, wie: „Iss auf!“, „Steig endlich ein!“, „Putz Dir die Zähne!“ Kürzlich beklagte sie sich darüber, wie schwer es sei, ihren Kindern ein „Bitte“ oder „Danke“ beizubringen. Sie und ich wissen, wo das Problem liegt, nur sie selbst versteht es leider nicht.
Dabei ist es gar kein Hexenwerk. Kinder müssen tun, was man ihnen sagt, Erwachsene jedoch nicht. Also bittet man die Erwachsenen freundlich, den Kindern jedoch sagt man einfach, was sie tun sollen. Das Problem dabei ist nur, dass die Kinder es nicht so sehen. Sie bemerken nicht, wie Sie mit anderen sprechen (Kinder hören oft sowieso nicht so genau hin). Sie sprechen einfach so mit Ihnen, wie Sie mit ihnen sprechen.
Wenn Ihre Kinder vernünftig sind, achten sie eher auf das, was Sie tun als auf das, was Sie sagen. Sie sollten ihnen also nicht die Schuld geben, wenn sie es an Freundlichkeit fehlen lassen, wenn Sie selbst es schon daran fehlen lassen, sondern ihnen eher dazu gratulieren, dass sie Ihrem Vorbild folgen.
Selbstverständlich verdienen Ihre Kinder Respekt, einfach weil sie Menschen sind. Aber Sie bekommen keinen Respekt von ihnen zurück, wenn Sie ihnen keinen entgegenbringen. Ihre Kinder werden Ihre Autorität nicht untergraben. Ihre Kinder werden bald lernen, dass Sätze wie: „Putz Dir bitte die Zähne, ja?“ und: „Würdest Du bitte den Tisch decken?“ zwar wie bloße Bitten klingen, dass sie aber keine Wahl haben. Sie können ihnen

Manieren beibringen – aber natürlich nur, wenn Sie selbst ihnen diesbezüglich ein Vorbild sind.

SELBSTVERSTÄNDLICH VERDIENEN IHRE KINDER RESPEKT, EINFACH WEIL SIE MENSCHEN SIND.

Die Kinder brauchen Ihr Vorbild – aber nicht nur, um gutes Benehmen zu lernen. Sie sollten Versprechen, die Sie ihnen geben, nicht brechen, Sie niemals anlügen (der Weihnachtsmann zählt hier nicht als Lüge) und nie in ihrer Gegenwart fluchen, wenn Sie nicht wollen, dass sie Sie nachahmen. Wenn Sie es dennoch tun, sagen Sie damit Ihren Kindern laut und klar (wenn auch nicht mit Worten), dass sie weniger wichtig sind als andere Leute und dass sie Ihnen gleichgültig sind. Wir wissen, dass das nicht der Fall ist. Aber wissen Ihre Kinder es auch? Das ist entscheidend.
Wenn Sie Ihre Kinder mehr lieben als jeden anderen Menschen (von Ihrer Partnerin/Ihrem Partner abgesehen), dann haben sie auch mehr als andere Ihren Respekt verdient. So lernen sie, andere Menschen ebenfalls respektvoll zu behandeln. So einfach lässt sich das viel beschworene Problem der „verdorbenen Jugend“ lösen.

REGEL 15

SEIEN SIE GERN MIT IHREM KIND ZUSAMMEN

Wenn Sie beim Lesen dieser Zeile leicht zusammengezuckt sind, kann ich das gut verstehen. Ich bin der Erste, der zugibt, dass es einem manchmal schwer fallen kann. Aber es gibt auch Zeiten, da sind Sie einfach nicht in der Stimmung für Ihren Lieblingsfilm, Ihre Lieblingsmusik oder Ihre Lieblingsschokolade.[7]

Keine Panik. Diese Regel verlangt nicht von Ihnen, dass Sie immer in der richtigen Stimmung sein müssen, um gerne mit Ihren Kindern zusammen zu sein. Ich sage nur: Wenn Sie die Möglichkeit haben, sich mit ihnen zusammen zu entspannen – an den Wochenenden, im Urlaub oder nachts beim Vorlesen der Gute-Nacht-Geschichte –, ist es sehr wichtig, dass Sie dieses Zusammensein auch genießen.

Was könnte Sie davon abhalten, es zu genießen? Vielleicht, dass Sie zu sehr daran denken, was Sie eigentlich alles tun könnten, oder dass Sie an all das denken, was Sie noch tun müssen, anstatt sich mit Engelsgeduld die gestrige Episode der Simpsons erzählen zu lassen – falsch, dafür aber in Echtzeit –, oder Sie müssen daran denken, dass das Gemüse jetzt gerade überkocht, oder Sie sind im Geiste schon bei der morgigen Präsentation.

Halt! Sie sind gerade mitten in der wichtigsten Aufgabe auf Ihrer To-do-Liste – nämlich der, Ihrem Kind Gesellschaft zu leisten und mit ihm Spaß zu haben. Hören Sie auf, an andere Dinge zu denken und konzentrieren Sie sich auf Ihr Kind, auf das, was es tut und sagt. Erkennen Sie, dass das genauso wichtig ist wie das Windelwechseln, das Abendessen und Ihre

Präsentation morgen in der Arbeit. Unterhalten Sie sich richtig mit Ihrem Kind. Wenn es sagt: „Rate mal, wie viele Monster ich schon abgeschossen habe …“, dann sagen Sie nicht nur „Wow!“, sondern fragen Sie: „Hast Du schon all Deine Pfeile verbraucht?“
Der Trick, der Sie mit genießen lässt, ist, dass Sie nicht die Sache an sich, sondern den Sinn dahinter wichtig nehmen. Zugegeben, vielleicht ist es nicht so prickelnd für Sie, der Barbie ein Glamour-Outfit nach dem anderen anzuziehen oder die Stärken und Schwächen jeder einzelnen Bundesliga-Fußballmannschaft zu diskutieren oder geduldig einer ausführlichen Beschreibung eines imaginären Kampfes zwischen den Mächten des Lichts und irgendwelchen Außerirdischen zu lauschen. Um die Details geht es auch nicht. All diese Dinge sind nur ein Mittel zum Zweck, und der lautet: Zeit mit Ihren Kindern verbringen, erfahren, wie sie die Welt sehen und was sie anmacht, aufregt, unterhält, kränkt, fasziniert, langweilt und neugierig macht.

DER TRICK, DER SIE MIT GENIESSEN LÄSST, IST, DASS SIE NICHT DIE SACHE AN SICH, SONDERN DEN SINN DAHINTER WICHTIG NEHMEN.

Wenn Sie erst einmal gelernt haben, innezuhalten und es zu genießen, werden Sie schnell merken, dass das Zusammensein mit Ihrem Kind richtig toll sein kann und dass auch Sie eine Menge von ihm lernen können. Und mit der Zeit, wenn Sie immer besser darin werden, wenn Sie die Zeit dazu haben, können Sie sich auch leichter verzeihen, wenn es mal nicht schaffen, noch eine halbe Stunde „Mein kleines Pony“ zu ertragen.

7) Okay, die Schokolade nehme ich zurück.

REGEL 16

SAUBERKEIT IST NICHT SO WICHTIG, WIE SIE MEINEN

Als ich zum ersten Mal meine Frau traf (natürlich war sie damals noch nicht meine Frau), war ich, wie ich mich erinnern kann, etwas eingeschüchtert, als ich ihr Haus sah. Ich erinnere mich an Tische, auf denen so gut wie nichts herumlag, an aufgeräumte Arbeitsflächen und offene, weite Flure, alles makellos sauber. Sie konnten auf jeden beliebigen Gegenstand in diesem Haus deuten und nach seinem Platz fragen, und sie konnte es Ihnen sagen. Alles – und ich meine tatsächlich alles – hatte seinen festen Platz.

Für mich war das etwas ganz Neues, kann ich Ihnen sagen. Ich habe schon immer zu der Denkschule „Lass es liegen und denk nicht weiter darüber nach" gehört. Ich muss zugeben, dass mir, als wir uns dafür entschieden, Kinder zu bekommen, schon ein bisschen mulmig war bei dem Gedanken, was sie jetzt machen würde. Ich wusste, dass ihre Art der Haushaltsführung nicht zu den entspannten, unbekümmerten Kindern passen würde, die wir uns beide wünschten.[8]

Als es darauf ankam, konnte sie sich sehr gut anpassen, wie es viele Eltern können. Aber das gelingt bei Weitem nicht allen. Manche wehren sich, wie Canute[9], verzweifelt und vergeblich gegen jede Form von Schmutz, Dreck, Unordnung, Staub, Büchern, Spielsachen, Wirrwarr und Chaos, die bei Kindern unweigerlich aufkommen. Und gegen alle möglichen neuen Gegenstände, die Sie gar nicht wegräumen können, weil Sie nicht wissen, was sie überhaupt darstellen sollen, sodass es hoffnungslos ist, sich das Hirn zu zermartern, wo sie hingehören.

In solchen Fällen gibt es nur zwei Möglichkeiten: Option Nummer 1 ist die, sich verrückt zu machen und neurotisch zu versuchen, das Unmögliche möglich zu machen und das Haus sauber zu halten, wobei Sie riskieren, dass Ihre Kinder sich zu gespreizten Pseudo-Erwachsenen entwickeln, die sich nicht natürlich verhalten dürfen und nie im Haus Schuhe tragen durften. Option Nummer 2 ist, nachzugeben, entspannt zu bleiben, Ihren Kindern zu erlauben, Kinder zu sein und einen glücklichen Haushalt mit angenehm lockeren, entspannten Kindern zu haben, auch wenn es mit der Sauberkeit und dem Aufräumen immer wieder mal hapert. Ich nehme an, wir beide wissen, was Anhänger der Regeln bevorzugen.
Ich will damit nicht sagen, Kinder sollten nicht lernen, aufzuräumen und sauber zu machen. Aber zuallererst sollten sie Spaß haben und dann erst aufräumen. Es ist doch nicht so schlimm, wenn der Tisch mit bunten Fingerfarbenklecksen bedeckt ist oder ihre Hosen dreckig sind. Das kann man alles abwaschen. Schlimmer ist es, wenn sie sich nicht entspannen und nie richtig Spaß haben dürfen.

ICH WILL NICHT SAGEN, KINDER SOLLTEN NICHT AUFRÄUMEN UND SAUBER MACHEN. ABER ZUALLERERST SOLLTEN SIE SPASS HABEN.

8) Ich muss zur Verteidigung meiner Frau – damit sie nicht allzu neurotisch und sauberkeitsfanatisch erscheint –, hinzufügen, dass sie niemals Kleidung bügelte und dass sie den Staubsauger nur selten benutzte.

9) Bitte erklären Sie mir jetzt nicht, was Canute wollte. Ich weiß auch, dass er nur etwas beweisen wollte. Genau das will ich auch – nicht mehr.

REGEL 17

ELTERNSEIN BEDEUTET, KALKULIERTE RISIKEN EINZUGEHEN

Als ich noch ein Teenager war, kletterte mein jüngerer Bruder, der damals ungefähr acht Jahre alt war, auf einen hohen Baum in unserem Garten. Er hatte in etwa die Höhe unseres Hausdaches erreicht, als der Ast, auf dem er stand, entzwei ging. Mit beiden Händen griff er nach dem Ast über ihm und hing in ungefähr sieben Metern Höhe über dem Boden. Er schrie ziemlich laut, was mich nicht überraschte.

Meine Mutter rannte hinaus in den Garten, um zu sehen, was los war. Ihr Magen muss revoltiert haben, als sie ihn da so hoch oben in dieser peinlichen Lage hängen sah, aber sie ließ es sich nicht anmerken. Sie redete einfach nur beruhigend auf ihn ein und meinte: „Ganz ruhig. Da ist ein kleiner Strunk, ungefähr sieben Zentimeter neben Deinem linken Fuß. Gut so. Jetzt greif mit Deiner rechten Hand nach dem niedrigeren Ast …", und so weiter, bis er wieder heil auf dem Boden stand.

Vielleicht denken Sie jetzt, unsere Mutter hätte uns von da an das Bäumeklettern verboten, zumindest in den nächsten paar Jahren, aber das tat sie nicht. Sie hatte verstanden, dass mein Bruder seine Lektion gelernt hatte – eine sehr nützliche Lektion.

Was ich damit sagen will? Kinder müssen ihre Lektion selbst lernen, ihre eigenen Fehler machen, auch wenn es mit Härten verbunden ist. Wer nie etwas riskiert, wird niemals etwas lernen. Leute, die keine Fehler machen,

machen gar nichts. Das bedeutet, dass Sie als Eltern gewisse Risiken eingehen müssen. Als Eltern, die die Regeln befolgen, sollten Sie Ihren Kindern erlauben, auf Bäume zu klettern, sie vor der Mittleren Reife mehr Wahlfächer belegen lassen, als sie Ihrer Meinung nach verkraften können und auch einen Rucksack-Urlaub genehmigen. Natürlich sind Sie derjenige, der das Risiko abschätzen muss. Manchmal ist es einfach zu groß, und dann sollten Sie nein sagen. Aber Sie dürfen nicht immer gleich an das Schlimmste denken, was passieren kann. Wenn Sie das tun, müssen Sie immer nein sagen, denn es könnte immer etwas passieren. Aber dann lernen Ihre Kinder nichts, sind schlecht auf die Welt vorbereitet und können später, wenn sie das Elternhaus verlassen, nur sehr schwer ihre eigenen Entscheidungen treffen. Was bedeutet, dass Sie Ihren Job nicht richtig gemacht haben.

SIE DÜRFEN NICHT IMMER GLEICH AN DAS SCHLIMMSTE DENKEN, WAS PASSIEREN KANN.

Seien Sie also lieber darauf gefasst, dass Sie Risiken auf sich nehmen müssen. Natürlich kann dann auch mal etwas schief gehen. Ihr Kind kann dann mit einem gebrochenen Handgelenk oder einem schlechten Examen dasitzen. Aber es könnte schlimmer sein, und wenigstens lernt es etwas daraus. Die Alternative ist, gar keine Risiken einzugehen, und das ist langfristig gesehen schädlicher.

REGEL 18

BEHALTEN SIE IHRE SORGEN FÜR SICH

Sollten Ihre Kinder jemals Gefahren ausgesetzt sein, werden Sie sich zwangsläufig immer wieder Sorgen machen. Das ist nicht zu vermeiden. Sie werden sich Sorgen machen, wenn sie auf Bäume klettern, wenn sie Autofahren lernen, wenn sie ohne Sie in den Urlaub fahren. Selbst wenn Sie versuchen, keine Risiken einzugehen, werden Sie sich trotzdem Sorgen machen. Sie werden sich Sorgen machen, wenn sie das erste Mal außer Sichtweite sind, wenn sie mit der Schule beginnen, wenn sie das erste Mal außer Haus übernachten, wenn sie rote Backen und Fieber haben und wenn sie Prüfungen zu bestehen haben.
Denken Sie dann bitte daran, dass Sie nicht der Einzige sind, dem es so geht. Auch Ihre Kinder haben deswegen Sorgen. Ihr Kleiner hat auch Angst vor der Schule, Ihr Jugendlicher hat auch ein bisschen Muffe vor dem ersten Urlaub allein, aber sie wollen es wagen.

> DENKEN SIE DANN DARAN, DASS SIE NICHT DER EINZIGE SIND, DEM ES SO GEHT. AUCH IHRE KINDER MACHEN SICH SORGEN.

Ihre Aufgabe ist es, sie zu beruhigen. Geben Sie ihnen das Selbstvertrauen, die neue Situation anzugehen. Vermitteln Sie ihnen das Gefühl, dass alles in Ordnung ist. Es ist nicht leicht, was? Da stehen Sie, mit einem mulmigen Gefühl im Magen, und sollen dabei noch cool lächeln und so tun, als sei „alles in Butter“. Tja, so ist es, das ist nun mal Ihre Aufgabe. Es ist hart, aber jemand muss es machen. Und dieser Jemand ist kein anderer als Sie.

Ihr einziger Trost dabei ist, dass Sie sich das alles bei einem anderen Erwachsenen von der Seele reden können. Vielleicht bei Ihrer Partnerin/Ihrem Partner – oder, noch besser, bei Ihren Eltern. Denn egal wie alt Sie sind, deren Aufgabe ist es nun mal immer noch, Ihnen Mut zu machen, wenn Sie vor lauter Sorgen nicht mehr aus noch ein wissen.

Wo wir gerade dabei sind: Sagen Sie bitte nicht jedesmal: „Sei vorsichtig!“, wenn Ihr Kind das Haus verlässt. Das klingt nicht nur nach einem Mangel an Vertrauen in Ihr Kind, sondern es ist auch erwiesen, dass ein Kind etwas Zerbrechliches viel eher fallen lässt, wenn jemand danebensteht und laut „Vorsicht!“ sagt, als wenn niemand etwas sagt. Der Ausspruch „Vorsicht!“ kann einem Kind Angst einjagen, dass bestimmt gleich etwas Schlimmes passiert. Eltern, die sich an die Regeln halten, sagen stattdessen lieber „Viel Spaß“ oder „Alles Gute“. Und Sie sind doch jetzt einer von ihnen, oder?

REGEL 19

SEHEN SIE DIE DINGE MIT DEN AUGEN IHRES KINDES

Alle Kinder haben eine falsche Vorstellung: Sie sind überzeugt davon, dass wir Erwachsenen uns wenig darum kümmern, wie sie sich fühlen, weil sie ja „bloß Kinder sind." Sie denken, wir würden sie ignorieren, ihre Gefühle missachten. Sie meinen, es ist uns egal, ob unsere Entscheidungen ihnen passen oder sie ärgern. Und wissen Sie was? Da haben sie absolut recht. Wir alle handeln so. Natürlich nicht immer, aber viel zu oft. Ich weiß, dass ich dazu neige, und ich kenne keine Mutter und keinen Vater, die es nicht tun. Wir sagen uns dann – wenn wir überhaupt darüber nachdenken –, dass wir ja schließlich wissen, was gut für sie ist, sie selbst nicht. Manchmal stimmt das ja auch, aber bei Weitem nicht immer.

Bis zu einem gewissen Grad ist es unvermeidlich. Ich meine, alle Kinder dieser Welt wollen später schlafen gehen, als gut für sie ist. Alle wollen am liebsten nur von Eis und Schokolade leben und die nächsten elf Jahre nicht zur Schule, sondern lieber an den Strand gehen. Wir wissen aber, dass das nicht gut für sie wäre und dass wir sie dazu bringen müssen, das zu tun, was wir wollen. Aber das bedeutet nicht automatisch, dass wir uns nicht in ihre Lage zu versetzen brauchen. Ich habe sogar den Verdacht, dass die meisten Kinder, wenn man sie sich selbst überließe, sich über kurz oder lang viel vernünftiger benehmen würden, als wir Erwachsene vermuten.

Kinder sehen die Welt oft ganz anders als wir. Manchmal sehen sie sie auch mit unseren Augen, aber wir nicht mit ihren. Jedenfalls werden sie leicht stur und pampig, wenn sie den Eindruck haben, wir würden sie ignorieren, und das finde ich ganz verständlich. Es hat mit Regel Nr. 14 zu tun: „Behandeln Sie Ihre Kinder mit Respekt." Daher ist es wichtig, ihnen zu zeigen, dass man auch ihren Standpunkt versteht. (Wenn Sie ihn nicht erkennen, werden sie Ihnen sicher dabei behilflich sein, wenn Sie sie danach fragen.)

KINDER WERDEN VERSTÄNDLICHERWEISE LEICHT STUR UND PAMPIG, WENN SIE DEN EINDRUCK HABEN, WIR WÜRDEN SIE IGNORIEREN.

Neulich wollte ich zusammen mit meinen Kindern aus dem Haus gehen, und einer von ihnen saß noch wie gebannt vor dem Fernseher. Ich bat ihn, das Gerät auszuschalten und mit uns ins Auto zu steigen. Er wurde wütend. Ich sagte ihm in energischem Ton: „Wir müssen jemanden vom Bahnhof abholen, und das ist wichtiger als das blöde Fernsehen!" Wir stritten herum. Beide waren wir sauer aufeinander, ohne es eigentlich sein zu wollen. Ich fragte mich, ob es nicht auch anders ginge.
Da dachte ich an diese Regel, Regel Nr. 19. Ich bat meinen Sohn, mir zu sagen, was für ein Problem er habe. Er erklärte mir, es sei seine Lieblingssendung und er habe sie schon zwei Wochen lang verpasst. Das verstand ich, und ich bot ihm an, sie für ihn aufzuzeichnen. Problem gelöst! Die Lösung hatte nichts mit der Sendung an sich zu tun, sondern vielmehr damit, dass er fühlte, dass ich ihn verstehen konnte. Natürlich wäre es noch besser gewesen, wenn ich mich eher an die Regel Nr. 19 erinnert hätte – aber ich folgte gerade Regel Nr. 2 („Sie müssen nicht perfekt sein"). Keine schlechte Ausrede, nicht wahr?

REGEL 20

ELTERNSEIN IST KEIN WETTSPORT

Neulich sprach ich mit einer anderen Mutter über die Essgewohnheiten unserer Kinder. Ich sagte, meine Kinder würden nichts als Süßigkeiten und Knabberzeug essen, wenn wir es im Haus hätten (aus dem Grund haben wir es erst gar nicht im Haus).

„Na, da hab ich ja Glück", meinte die Mutter. „Meine Kinder essen lieber Obst und rohes Gemüse."

Nun, ich bezweifle sehr, dass das stimmt, denn ich habe ihre beiden Kinder erst kürzlich herzhaft zugreifen sehen, als sie Kekse angeboten bekamen. Aber egal ob es stimmt oder nicht – auf jeden Fall war es eine klassische Konkurrenz-Antwort, in der Absicht, mich und meine Kinder schlechter dastehen zu lassen und sie und ihre Kinder besser.

Eines der klassischen Wettsportevents von Eltern ist das Töpfchen-Training. Ich kenne Eltern, die ihre Babys schon im Alter von wenigen Monaten aufs Töpfchen gesetzt haben, bloß damit sie es schneller lernen als die Sprösslinge ihrer Freunde. Oder die darauf erpicht waren, dass sich ihre Babys als Erste hochziehen und stehen und ein bisschen gehen können. Andere prahlen damit, wie toll ihre Kinder im Sport oder im Musizieren oder bei Prüfungen abschneiden. Die raffiniertesten Wettbewerbseltern von allen sind jedoch die, die nicht einmal offen angeben, sondern es auf versteckte Weise tun, wie in dem oben genannten Beispiel („Ich habe Glück, dass meine Kinder lieber Obst und Gemüse essen"), wobei natürlich niemand mehr auf die Idee kommt, dass das etwas mit Glück zu tun haben könnte.

Wir Eltern, die wir die Regeln befolgen, sollten uns an dergleichen Wettspielchen nicht beteiligen. Wir haben genügend Vertrauen in unsere eigenen Fähigkeiten als Eltern – und genügend Gelassenheit im Umgang mit unseren Schwächen –, um mit dem Strom zu schwimmen und unsere Kinder Kinder sein zu lassen. Eltern mit Konkurrenzdenken haben selten viele gute Freunde (mit Kindern), und sie haben oft sehr unter Druck stehende Kinder, die meinen, sie müssten ständig Überdurchschnittliches leisten, damit ihre Eltern auch immer mit ihnen angeben können. Diese armen Kinder meinen, sie müssten in allem besser sein als ihre Freunde, sonst bekämen sie die Anerkennung ihrer Eltern nicht mehr. Schließlich, als Erwachsene, sind sie ihrerseits auch übertrieben ehrgeizig, was potenzielle Freunde abschreckt und ihre Geschwister sowieso. Es gibt genügend Gelegenheiten für Kinder, gegeneinander im Wettstreit anzutreten, ohne dass man sie andauernd zu ihrem eigenen Nachteil dazu anstacheln muss.

Der Haken an besonders wettbewerbsorientierten Eltern ist, dass sie innerlich unsichere Menschen sind. Sie sind verklemmt und fühlen sich unsicher, was ihre Fähigkeiten als Eltern anbelangt. Deshalb müssen sie andere erniedrigen, um sich selbst zu erhöhen. Lassen Sie sich nicht von solchen Menschen provozieren. Begegnen Sie ihnen mit mitleidsvollem Verständnis. Das bringt sie innerlich wirklich auf die Palme.

ES GIBT GENÜGEND GELEGENHEITEN FÜR KINDER, GEGENEINANDER IM WETTSTREIT ANZUTRETEN, OHNE DASS MAN SIE ANDAUERND ZU IHREM EIGENEN NACHTEIL DAZU ANSTACHELN MUSS.

REGELN FÜR DEN ALLTAG

Natürlich sind Prinzipien in der Kindererziehung wichtig, aber nicht alles. Die häufigste Tätigkeit aller Eltern ist das Tagesgeschäft – der tägliche Kampf, sie aus dem Bett zu bringen und sie anzuziehen, das Windelwechseln, sie rechtzeitig in die Schule zu schicken und dazu zu bringen, vorher noch etwas Gesundes zu essen und die leidigen Diskussionen über die Schlafenszeit oder über die neuen Turnschuhe, die sie unbedingt haben wollen.

Daher nehme ich an, Sie können einige Ratschläge für den Alltag gut gebrauchen, um all den täglichen Kleinkram bequemer und effektiver zu gestalten und das Kindererziehen so schön zu machen, wie Sie es sich eigentlich immer erhofft haben und nicht so ätzend, wie Sie es manchmal befürchten.

Die Regeln in diesem Abschnitt sollen dafür sorgen, dass Ihre Kinder zu den intelligenten, neugierigen und hilfsbereiten Erwachsenen heranreifen, die Sie sich wünschen – zumindest an guten Tagen.

REGEL 21

LASSEN SIE IHR KIND GEWÄHREN

Ich möchte Ihnen keine Angst einjagen, aber spätestens im Alter von 18 Jahren – wenn nicht schon früher – sollten Ihre Kinder voll verantwortliche Erwachsene sein, die fähig sind, ihre eigenen Entscheidungen zu treffen, sich ihre Freunde selbst auszusuchen, ihr Leben selbst zu bestimmen, ihr Bett selbst zu machen und sich selbst im U-Bahn-System einer Großstadt wie London zurechtzufinden. So, damit wäre Ihr Aufgabenfeld umrissen. Wenn Sie Ihre Vierjährige immer noch mit dem Löffel füttern und der 14-Jährigen immer noch die Schulbücher einpacken, werden sie es später, wenn sie sich selbst um ihre eigenen Angelegenheiten kümmern müssen, schwerer haben. Tun Sie also lieber nichts für sie, was sie nicht selbst tun können. Und das bedeutet nicht nur, für sie sauber machen und Hausaufgaben machen (ich persönlich finde sowieso, ab acht Jahren können meine Kinder ihre Hausaufgaben besser machen als ich). Es bedeutet auch, dass jeder ab zehn Jahren auch mal das Essen für die Familie kochen können sollte, auch wenn es dann nur rote Bohnen aus der Dose auf Toast gibt, dass sie verstehen, wie eine Waschmaschine funktioniert und am Samstag allein aufstehen, um zu jobben und, wenn sie in den Urlaub fahren, ihren Rucksack selbst packen können.

Aber selbst diese Dinge sind nicht das Wichtigste. O nein! Es gibt insbesondere zwei andere Fähigkeiten, die sie brauchen, die Sie ihnen so früh wie möglich beibringen sollten: die Fähigkeit, mit Geld umzugehen und die, ihre eigenen Entscheidungen zu treffen.

Wenn Sie alle ihre Geldausgaben von vornherein kontrollieren und ihnen nur ein bisschen Taschengeld geben, lernen sie nichts daraus. Viel besser ist es, ihnen, wenn sie älter sind, einen bestimmten Etat für den Kauf ihrer Kleidung zu geben oder ihnen nur wenig Taschengeld zu geben und sie zu zwingen, sich den Rest selbst zu verdienen. Ein Freund von mir spielt die Bank für seine Kinder und zahlt ihnen großzügige Zinsen, wenn sie sparen, sodass sie ihr Geld lieber sparen, als es auszugeben. Es gibt viele Möglichkeiten, Kindern den Umgang mit Geld beizubringen. Wichtig ist dabei nur, dass Sie sich für eine entscheiden, die Ihnen und Ihren Kindern liegt.

Natürlich sollten Sie Ihren Kindern auch beibringen, selbst Entscheidungen zu treffen. Das geht im Alter von zwei Jahren los. Von da an sollten sie selbst entscheiden dürfen, was sie anziehen wollen, bis hin zu der Frage viele Jahre später, welche Vertiefungsfächer sie nehmen wollen. Sie müssen lernen, ihr Leben selbst in die Hand zu nehmen. Dazu gehört natürlich auch, dass sie die Folgen schlechter Entscheidungen spüren und ertragen müssen, also mischen Sie sich nicht ein, auch wenn Sie sehen, dass sie im Begriff sind, einen großen Fehler zu machen. Natürlich können Sie Vorschläge machen und Ratschläge erteilen – obwohl Sie damit, wenn sie älter sind, lieber warten sollten, bis Sie gefragt werden –, aber üben Sie keinen Druck auf sie aus, okay? Es ist ihr Leben. Denken Sie immer daran: Der 18. Geburtstag kommt schneller, als man meint, und bis dahin sollten sie ein eigenständiges, unabhängiges Leben führen können …

SIE MÜSSEN LERNEN, IHR LEBEN SELBST IN DIE HAND ZU NEHMEN. DAZU GEHÖRT NATÜRLICH AUCH, DASS SIE DIE FOLGEN SCHLECHTER ENTSCHEIDUNGEN SPÜREN UND ERTRAGEN MÜSSEN.

REGEL 22

BRINGEN SIE IHREM KIND BEI, SELBSTSTÄNDIG ZU DENKEN

Ihre Kinder sollten nicht nur ihre Entscheidungen selbst treffen können (Regel Nr. 21), sondern sie sollten auch lernen, selbstständig zu denken. Wenn Ihr Kind mit Ihnen herumdiskutiert, kann das nerven, aber zumindest zeigt es damit, dass es selbstständig denkt. Und das wollen Sie doch (auch wenn es im Moment möglicherweise nicht gerade das ist, was Sie wollen).
Neulich war ich bei einer Freundin zu Besuch, deren fünfjährige Tochter sie absichtlich provozierte, wie es Fünfjährige eben gerne tun. Meine Freundin wurde ärgerlich und ihre Tochter war beleidigt, dass sie sie schimpfte. Ich war sehr beeindruckt, als meine Freundin ihre kleine Tochter fragte: „Was meinst Du, warum bin ich wohl böse mit Dir?" Die Kleine dachte kurz nach und murmelte dann: „Weil ich nicht aufgehört habe, als Du mich darum gebeten hast." Sie hätte sich sicher nicht die Frage gestellt, warum ihre Mutter sauer auf sie war, aber ihre Mutter brachte ihr bei, darüber nachzudenken.
Meine Freundin hatte die beste und wichtigste Methode angewandt, um Kinder zum Nachdenken zu bringen – nämlich, ihnen eine Frage zu stellen. Es ist nicht so wichtig, ob Sie sie fragen, warum sie lieber Cricket als Fußball spielen, wie sie sich die Verköstigung von 100 Hochzeitsgästen vorstellen, wie man ihrer Meinung nach das Problem der Erderwärmung lösen könnte oder was sie von der amerikanischen Außenpolitik im Nahen Osten halten (vielleicht stellen Sie ihnen die letztere Frage erst, wenn sie etwas älter sind). Wichtig ist nur, sie zum Nachdenken zu bringen.

Fordern Sie ihre Ideen heraus. Nicht provozierend, sondern eher fragend. Fragen Sie sie: „Warum meinst Du das?" Wenn sie zwei Jahre alt sind, fragen Sie sie, was sie meinen, warum ein Hund bellt. Wenn sie 12 sind, können Sie sie fragen, ob sie die hohen Preise für Designer-Turnschuhe für gerechtfertigt halten. (Und, falls nicht, warum sie dann von Ihnen erwarten, dass Sie so viel für ihre Schuhe ausgeben sollen. Siehe Regel Nr. 21: Geben Sie ihnen ihr eigenes Kleidergeld.)

> WENN SIE ZWEI JAHRE ALT SIND, FRAGEN SIE SIE, WAS SIE MEINEN, WARUM EIN HUND BELLT. WENN SIE 12 SIND, KÖNNEN SIE SIE FRAGEN, OB SIE DIE HOHEN PREISE FÜR DESIGNER-TURNSCHUHE FÜR GERECHTFERTIGT HALTEN.

Stellen Sie Fragen, stellen Sie Anforderungen an sie. Bringen Sie sie dazu, zu debattieren, zu argumentieren, sich zu rechtfertigen und alles zu hinterfragen. Und wenn Sie merken, dass sie es instinktiv tun, auch ohne dass Sie ihnen Fragen stellen müssen, wissen Sie, dass Sie Regel Nr. 22 erfüllt haben.

REGEL 23

LOBEN SIE GANZ BEWUSST

Gratuliere! Sie haben es immerhin schon bis hierher, bis zur Regel Nr. 23, geschafft. Damit haben Sie schon fast ein Viertel der Strecke bis zum vollwertigen Regelbefolger-Elternteil hinter sich!
Ich hoffe, dieses Lob hat Sie ermutigt. Das ist der Sinn des Lobens. Wir Eltern, die wir die Regeln befolgen, wissen, dass unser Lob, wenn wir unsere Aufgabe gut machen, ein ganz wichtiger Ansporn für unsere Kinder sein wird. Sie würden doch auch nicht versäumen, ihnen an ihrem Geburtstag ein Geschenk zu machen – also loben Sie sie bitte auch, wenn sie etwas geleistet haben.
Nun, so einfach scheint es aber auch nicht zu sein, was? Wie viele Eltern kennen Sie, die ihre Kinder nicht so bewusst loben, wie sie es tun könnten? Man muss Lob richtig dosieren, es auf die richtige Art machen und passend zum Anlass richtig loben.
Der Ausdruck „vom Guten kann es nie zu viel geben" gilt mit Sicherheit nicht für Lob. Das heißt nicht, dass Sie mit Ihrem Lob geizen sollten, aber Sie sollten Ihr Lob je nach der Leistung Ihres Kindes spenden. Wenn Sie Ihre Kinder zu überschwänglich loben, entwerten Sie Ihr Lob damit nur. Wenn Sie eine relativ durchschnittliche Leistung als brillant bezeichnen, was sagen Sie dann, wenn sie wirklich etwas Großartiges zustande bringen? Und wenn jede noch so kleine Leistung von ihnen geradezu übertrieben gelobt wird, werden sie Angst haben, zu versagen. Diese Art von Erwartungsdruck bekommt Kindern nicht gut.
Haben Sie schon einmal innegehalten und sich darüber Gedanken gemacht, wofür Sie Ihre Kinder loben? Wenn Sie sie immer nur dafür loben,

dass sie gut in der Schule sind, aber nicht dafür, dass sie sich gut benehmen, was sagt ihnen das über die Werte, die Ihnen wichtig sind? Loben Sie sie eher, weil sie gewonnen haben, als weil sie sich besonders angestrengt haben? Nein, natürlich nicht, denn Sie erziehen ja nach den Regeln. Aber es gibt eine Menge Eltern, die das tun.
Viele Eltern vergessen, ihre Kinder für gutes Benehmen zu loben, weil sie es als selbstverständlich ansehen. Aber Kinder wollen wirklich hören, dass man gemerkt hat, wie gut sie waren: „Gut, dass Du nicht vor Tante Marthas Augen in der Nase gebohrt hast“, oder: „Du bist bestimmt erschöpft, mein Kleines, aber Du hast Dich wacker gehalten. Das ist toll!“ Das überzeugt sie, dass es gut ist, sich das nächste Mal wieder ordentlich zu benehmen.
Einen letzten Punkt möchte ich noch anführen, bevor Sie diese Regel geschafft haben. Was meinen Sie, über welches Lob würde sich Ihr Kind mehr freuen – wenn Sie sagen: „Was für ein schönes Bild!“, oder: „Was für ein schönes Bild – hey, das Pferd sieht so aus, als ob es sich wirklich bewegt! Wie hast Du das gemacht?“ Seien Sie genauer in Ihrem Lob, wenn Sie können und stellen Sie ruhig auch Fragen. Sie werden sehen, Ihr Kind strahlt vor Stolz.

LOBEN SIE SIE EHER, WEIL SIE GEWONNEN HABEN, ALS WEIL SIE SICH BESONDERS ANGESTRENGT HABEN? NEIN, NATÜRLICH NICHT, DENN SIE ERZIEHEN JA NACH DEN REGELN.

REGEL 24

SEIEN SIE SICH BEWUSST, WIE WICHTIG GRENZEN SIND

Eines Tages sah ich, wie meine Nachbarin zusah, wie ihr vier Jahre alter Sohn auf eine Mauer sprang, die den Vorgarten begrenzte und die Mauer entlanglief. Das allein war noch nicht so schlimm, aber auf der anderen Seite der Mauer ging es viereinhalb Meter tief auf einen betonierten Parkplatz hinunter. Die Mutter fing meinen entsetzten Blick auf und meinte: „Ich weiß, ich habe ihm schon x-mal gesagt, er soll da nicht hinaufsteigen. Aber was soll ich machen? Er folgt einfach nicht!" Ich war so sprachlos, dass ich ihr gar nicht antworten konnte (außerdem hätte sie meine Antwort wahrscheinlich sowieso nicht ernst genommen).
Sie wissen genau wie ich, dass die einzig richtige Antwort lautet: „Sag nein und setze es auch durch!" Es war ein besonders anschauliches Beispiel dafür, dass Kinder Grenzen brauchen – in diesem Fall zur Sicherheit des armen, dummen Kerlchens. Das Kind war ein Paradebeispiel dafür, was passiert, wenn man Kindern keine Grenzen setzt. Wenn seine Familie nicht zugegen war, wurde der Knabe nur „der Wilde" genannt, weil er so wild war. Er testete ständig aus, wie weit er gehen konnte, und offensichtlich gab es keine Grenzen für ihn.
Dieses wilde Kind benahm sich wie ein Elefant im Porzellanladen, hatte sehr wenige Freunde und muss wohl den Eindruck gehabt haben, seine Eltern kümmerten sich überhaupt nicht um ihn. Wenn sie es wirklich getan hätten, hätten sie ihn dann eine Mauer entlanglaufen lassen, von der er fast fünf Meter tief hinunterstürzen konnte? Hätten sie ihm dann

erlaubt, sich zu benehmen, wie es ihm passte, ohne auch nur im Geringsten darauf zu achten, egal was er tat?
Die Welt ist ein Ort, der einem schon Angst einjagen kann, wenn man ein Kind ist. Sie kann sogar Erwachsenen Angst einjagen. Die beste Sicherheit, die man Kindern da geben kann, sind klare Regeln und Richtlinien, sodass sie sich sicher sein können, dass sie innerhalb der vorgegebenen Grenzen bleiben. Sie testen ihre Grenzen ständig aus, vor allem in jungen Jahren, nicht weil sie sie unbedingt erweitern wollen, sondern weil sie sich vergewissern wollen, dass sie noch da sind. Ihre Aufgabe ist es, ihnen diese Grenzen klar zu machen und dafür zu sorgen, dass sie gewahrt werden. Sie müssen also jedes Mal laut und deutlich „Nein!" sagen, wenn sie auf die Mauer klettern wollen und sie, wenn nötig, da herunterholen, um der Regel Nachdruck zu verleihen. So bekommen Sie ein sicheres, selbstbewusstes und glückliches Kind, das weiß, wo es steht und alles Nötige über die Welt um es herum lernen kann, weil es seinen Platz in der Welt kennt und weiß, dass Sie es lieben.
Übrigens, das bezieht sich auf beide Eltern (falls Sie zu zweit sind und nicht allein erziehend). Es hat keinen Sinn, wenn ein Elternteil Grenzen setzt, der andere jedoch nicht – das verwirrt die Kinder nur noch mehr. Sie müssen sich also in der Rolle des Polizisten einig sein. (Mehr darüber in Regel Nr. 31.) Es ist nicht so schlimm, wenn Sie in Details eine andere Linie haben (wenn etwa Papa sie beim Vorlesen auf seinem Schoß sitzen lässt, während Mama sie lieber zugedeckt im Bett liegen sieht). Aber für alle wichtigen Regeln gilt: Sie müssen beide die Grenzen durchsetzen, wenn Sie auf glückliche, selbstbewusste Kinder Wert legen.

SIE MÜSSEN BEIDE DIE GRENZEN DURCHSETZEN, WENN SIE AUF GLÜCKLICHE, SELBSTBEWUSSTE KINDER WERT LEGEN.

REGEL 25

BESTECHUNG MUSS NICHTS SCHLIMMES SEIN

Bestechung ist bei Eltern im Allgemeinen ganz schlecht angesehen. Sie gilt als eines der schlimmsten Dinge, die man nur tun kann. Aber Augenblick mal – lassen Sie uns zuerst definieren, was wir unter Bestechung verstehen, ja? Nehmen wir mal an, Ihr Kind benimmt sich fürchterlich und Sie geben ihm einen Zehner, damit es damit aufhört und still ist. Das wäre Bestechung, und das wollen wir natürlich nicht tun.

Aber was ist mit folgendem Beispiel? Ihr Kind verhält sich im Moment ganz artig, aber Sie befürchten, dass das nicht lange anhält. Vielleicht wollen Sie gerade mit ihm einkaufen gehen oder es soll seine Hausaufgaben machen, sein Zimmer aufräumen oder Salat essen, den Fernseher ausmachen, ins Bett gehen oder irgendetwas anderes tun, das in der Regel auf wenig Gegenliebe stößt. Sie sagen Ihrem Kind, dass Sie ihm eine Belohnung geben, wenn es sich weiterhin anständig benimmt. Ist das auch Bestechung?

Ich finde, nicht. Ich sage Ihnen auch, warum. Als ich noch in großen Unternehmen tätig war, hat man mir oft gesagt, wenn ich diese bestimmte Aufgabe schaffen würde, würde ich befördert oder wenn ich einen bestimmten Standard erfüllte, bekäme ich einen Bonus. Das ist doch dasselbe wie in meinem Beispiel. Sie nannten es nicht Bestechung, sondern Leistungsanreiz. Und der galt als richtig und gut.

Also bitte keinen Unsinn glauben, von wegen, man dürfe Kindern keine Belohnung in Aussicht stellen. Wenn Sie es machen, bevor das schlechte Verhalten einsetzt, ist es ein sehr wertvoller Ansatz.

Natürlich sollten Sie bei der Art des Anreizes, den Sie wählen, vorsichtig sein. Wenn Sie immer nur mit Geld winken, vermitteln Sie Ihrem Kind einen traurigen Eindruck davon, wie diese Welt funktioniert – abgesehen davon, dass Sie womöglich irgendwann einmal pleite sind. Außerdem sollte die Größe Ihres Anreizes der Bedeutung dessen entsprechen, was Sie damit erreichen möchten. Kaufen Sie Ihrem Kind nicht gleich einen ganzen Schrank voll neuer Klamotten, nur weil es ein paar Kleidungsstücke ordentlich aufgehängt hat.

Idealerweise sollte Ihre in Aussicht gestellte Belohnung Ihrer Bitte entsprechen. Wenn Ihr Kind beim Einkaufen die ganze Zeit brav war, gehen Sie danach mit ihm in den Park. Wenn es am Morgen selbständig aufgestanden ist, ohne dass Sie kommen und ihm einen Becher kaltes Wasser ins Gesicht schütten mussten, darf es dafür 15 Minuten länger aufbleiben. Wenn es sein Zimmer zwei Monate lang in Ordnung gehalten hat, bekommt es von Ihnen mehr Kleidergeld.

IDEALERWEISE SOLLTE IHRE IN AUSSICHT GESTELLTE BELOHNUNG IHRER BITTE ENTSPRECHEN.

Haben Sie etwa die beste Belohnung von allen vergessen? Natürlich nicht. Ihre Kinder werden eine Menge Dinge tun, auch ohne dafür materiell belohnt zu werden, wenn sie wissen, dass Sie danach mit ihnen zufrieden sein werden. Sie müssen sich also nicht ein Dutzend verschiedene Belohnungen am Tag ausdenken – meistens reicht es schon, wenn Sie vorher sagen: „Es wäre schön/nett/lieb von Dir, wenn Du …“ Und denken Sie bitte auch daran, dem Kind hinterher zu sagen, wie sehr Sie sich darüber freuen.

REGEL 26

LAUNEN SIND ANSTECKEND

Sobald Sie Kinder haben, werden Sie eine Familie. Sie sind jetzt kein Freigeist mehr, auch kein schnuckeliges Paar. Sie sind jetzt eine Familie. Jeder in dieser Familie interagiert mit jedem. Das bedeutet: Die Stimmung des einen beeinträchtigt den anderen. Manche Leute sind besser drauf als andere, auch wenn jeder um sie herum zischelt, aber die meisten von uns stellen fest, dass sich ihre Stimmung sehr stark nach der Laune ihrer direkten Umgebung richtet.

Als Elternteil, der die Regeln befolgt, sollten Sie wissen, dass Sie mit verantwortlich für die Stimmung in Ihrer Familie sind. Ich meine damit nicht, dass es jedesmal Ihre Schuld ist, wenn jemand traurig ist. Sondern ich meine damit: Wenn jeder von Ihnen nur noch deprimiert herumhängt oder wenn Sie einander nur noch anbrüllen, dann reicht es nicht aus, dass Sie sich wünschen, die anderen würden aufhören zu jammern, zu brüllen oder zu schmollen oder zu klagen, zu nörgeln oder sich zu zanken oder sonstwas. Wenn Sie der Meinung sind, jemand sollte ausbrechen und einen besseren Ton anschlagen, sollten Sie es selbst sein.

Kinder verstehen nicht, dass schlechte Stimmung sich übertragen kann. Sie wissen nicht, dass ihre Nerverei der wahre Grund für Ihre Reizbarkeit ist. Natürlich können Sie damit anfangen, es ihnen zu erklären, aber es kann Jahre dauern, bis sie ihr Verhalten wirklich ändern. Sobald sie sich niedergeschlagen fühlen, werden sie es an Ihnen abreagieren, um Sie zu bestrafen, auch wenn sie sich der Tatsache bewusst sind, dass sie Sie damit auch „herunterziehen“. „Das geschieht ihm recht“, denken sie dann.

Nein, nur ein Erwachsener kann dieses unheilvolle Muster unterbrechen. Und dieser Erwachsene sind, wie gesagt, Sie.

Eines meiner Kinder (ich sage hier lieber nicht, welches) geriet ständig mit mir aneinander, als es noch jung war. Was mich an seinem Verhalten so verrückt machte, war, dass er niemals nachgeben wollte, auch dann nicht, wenn ich wirklich wütend auf ihn wurde. Schließlich wies mich meine Frau vorsichtig darauf hin, es könnte doch damit zu tun haben, dass auch ich niemals nachgab. Das heißt, dass mein schlechtes Vorbild ihm ein wenig hilfreiches Beispiel einer Konfliktlösung lieferte.

Die Tatsachen sind nicht sehr erfreulich, aber sie sehen folgendermaßen aus: Eltern, die ihre Kinder anbrüllen, haben mit hoher Wahrscheinlichkeit Kinder, die ihrerseits ebenfalls brüllen. Eltern, die die beleidigte Leberwurst spielen, haben ebensolche Kinder. Eltern, die gerne und viel jammern, haben jammernde Kinder. Das ist nicht immer so, aber relativ oft. Oder es passiert stattdessen – je nach Art der Persönlichkeit des Kindes –, dass es ins andere Extrem verfällt und anstatt, sagen wir mal, verärgert zu sein wie Sie, richtig nervös wird, wenn jemand anderer ärgerlich ist oder zumindest immer wieder Probleme mit dieser Art Gefühlslage haben. Wenn Sie wollen, dass Ihr Kind auf vernünftige Art und Weise mit seinen Stimmungen umgehen lernt, sollten Sie es ihm vorleben und mit Ihren Stimmungen ebenfalls auf reife, vernünftige Weise umgehen. Das ist das Gute daran: Sie können die Stimmungen und Launen Ihres Kindes – und die Art, wie es damit umgeht – zum Besseren verändern. So setzen Sie eine Aufwärtsspirale in Gang, von der jeder in Ihrer Familie etwas hat.

DIE TATSACHEN SIND NICHT SEHR ERFREULICH, ABER SIE SEHEN SO AUS: ELTERN, DIE IHRE KINDER ANBRÜLLEN, HABEN MIT HOHER WAHRSCHEINLICHKEIT KINDER, DIE EBENFALLS BRÜLLEN.

REGEL 27

SIE PRÄGEN DIE ESS-GEWOHNHEITEN IHRES KINDES – EIN LEBEN LANG

Ich sage Ihnen hier nicht, wie Sie Ihre Kinder ernähren sollen. Ich habe zu wenig Ahnung davon. Vielleicht sind Sie ja Veganer, oder Sie sind süchtig nach Donuts (was ich persönlich verstehen könnte), oder Sie haben eine Alfalfasprossen-Phobie. Es liegt allein bei Ihnen, wie Sie Ihre Kinder verantwortungsbewusst ernähren, und anstelle der vielen ungesunden Angebote (wie Donuts, leider) gibt es genauso viele gesündere. Es ist Ihre Entscheidung.

Aber wie auch immer die Ernährung Ihrer Kinder aussieht, eines ist klar – die Essgewohnheiten, die sich Ihre Kinder zulegen, lassen sich später nur sehr schwer ändern, also führen Sie am besten von vornherein gute Essgewohnheiten ein. Das bedeutet, Essgewohnheiten, die Ihre Kinder in die Lage versetzen, später, als Erwachsene, ein gesundes Leben zu führen.

DIE ESSGEWOHNHEITEN, DIE SICH IHRE KINDER ZULEGEN, LASSEN SICH SPÄTER NUR SEHR SCHWER ÄNDERN.

Ich selbst wuchs in einer Zeit auf, als die Essgewohnheiten noch ganz andere waren als heute. Die Generation meiner Mutter hatte einen Krieg überstehen müssen, mit rationierten Lebensmitteln auf Lebensmittelmarken; entsprechend selten sah man dicke Menschen. Deswegen waren viele der Essgewohnheiten, die meine Mutter mir mitgab, für meine Mutter sinnvoll, aber nicht so sehr für mich.

Zum Beispiel erwartete meine Mutter von mir, dass ich meinen Teller immer leer esse. Ich durfte erst dann vom Tisch aufstehen, wenn ich meinen Teller leer gegessen hatte. Das war schön und gut, als ich noch ein kleiner Junge war und kleine Portionen bekam, aber später, als ich älter wurde, nahm ich deswegen zu sehr zu. Selbst als ich wirklich ernsthaft gewillt war abzunehmen, war es für mich fast unmöglich, Essen auf meinem Teller übrig zu lassen. Jetzt sage ich meinen Kindern, sie sollen das essen, was sie sich auf den Teller laden, aber wenn es mehr ist, als sie schaffen, dürfen sie ruhig etwas übrig lassen.

Hier ist ein anderes Beispiel: Als Kind bekam ich keinen Pudding zum Nachtisch, wenn ich nicht vorher mein Hauptgericht aufgegessen hatte. Was habe ich daraus gelernt? Dass süße, schwer verdauliche Puddings das Schönste am Essen sind und alles schmackhafte Essen vorher nur ein Durchgangsstadium ins Paradies ist. Auch das hat meinem Gewicht nicht eben gut getan, und ich habe bis heute Schwierigkeiten, mein Gewicht zu halten. Wie ich es mit meinen Kindern halte? Wir essen fast nie süße Puddings, außer gelegentlich, wenn wir Besuch zum Essen bei uns haben, und sie müssen ihr Hauptgericht sowieso nicht aufessen, um Nachtisch zu bekommen.

Was halten Sie davon: Ich bekam etwas Süßes, wenn ich mir wehgetan hatte oder als Belohnung für ungewöhnlich gute Leistungen. Auch diese Gewohnheit hing mir schwer wie ein Mühlstein am Hals. Wann immer ich traurig bin, belohne ich mich mit einem Mars-Schokoriegel. Ich sage mir, wenn ich diesen Abschnitt von Regeln fertig geschrieben habe, genehmige ich mir ein Stück Kuchen.

Welche Muster stellen Sie für Ihre Kinder auf? Vielleicht haben sie ja das Glück, dass sie genetisch so programmiert sind, dass sie niemals dick werden oder anfällig werden können für andere ernährungsbedingte

Krankheiten. Vielleicht brauchen Ihre Kinder ganz andere Ernährungsgewohnheiten als meine. Vielleicht haben Sie eine bessere Idee als ich, wie Sie die beschriebenen Verhaltensmuster vermeiden können. Ich sage nur: Passen Sie gut auf, welche Gewohnheiten Sie an sie weitergeben und sorgen Sie, wie auch immer, dafür, dass es die für sie richtigen sind.

28 KOMMUNIZIEREN SIE

Es ist so leicht für Eltern, die Kinder außen vor zu lassen. Am Anfang sind sie sowieso noch zu klein, um etwas zu verstehen. Später, wenn sie älter sind, haben Sie sich daran gewöhnt, nicht viel zu erklären, und außerdem macht es die Sache doch sowieso nur noch komplizierter, wenn man sie auf Schritt und Tritt mit einbezieht. Das stimmt vielleicht, aber andererseits ist es ein Schritt mehr auf dem Weg zu einer integrierten Familie, die als Team reibungslos zusammenarbeitet (zumindest an guten Tagen).
Sie fragen sich wahrscheinlich, was ich jetzt schon wieder von Ihnen will? Welche Art von Gespräch sollen Sie mit Ihren Kindern führen? Lassen Sie mich Ihnen ein paar Beispiele geben. Denken Sie immer daran, Ihre Kinder zu informieren, wenn Sie Besuch erwarten? Wahrscheinlich schon, wenn es jemand ist, auf dessen Ankunft sie schon gespannt sind. Aber was ist, wenn es jemand ist, den sie nicht einmal kennen? Wenn es jemand ist, der nur Maß nimmt für einen neuen Sofabezug oder der gekommen ist, um die Waschmaschine zu reparieren. Sagen Sie Ihrem Kleinkind jedesmal, wenn Sie es im Auto anschnallen, wohin die Reise geht? Für Sie ist die Sache klar, aber nicht für Ihr Kind.

SAGEN SIE IHREM KLEINKIND JEDESMAL, WENN SIE ES IM AUTO ANSCHNALLEN, WOHIN DIE REISE GEHT? FÜR SIE IST DIE SACHE KLAR, ABER NICHT FÜR IHR KIND.

Vergessen Sie bitte auch nicht, dass Kommunikation in zwei Richtungen funktioniert. Sie sollten Ihrer Mannschaft mitteilen, was los ist (und am besten auch, warum), aber Sie brauchen auch ihren Input und sollten sich ihre Antwort anhören. Beratschlagen Sie mit Ihren Kindern, wohin Sie miteinander in den Urlaub fahren wollen? Wenn sie erst Teenager sind, werden sie Ihnen wohl auch ungefragt ihre Meinung dazu sagen, aber wie ist es, wenn sie erst sechs oder sieben Jahre alt sind?

Was ist, wenn Sie sich ein neues Auto anschaffen wollen? Fragen Sie vorher Ihre Kinder nach ihrer Meinung? Okay, Sie können sich natürlich keinen Lamborghini kaufen, bloß weil Ihre Kinder gern einen hätten, aber Sie können sie doch fragen, was ihnen wichtig wäre – viel Platz hinten im Auto oder einen Dachgepäckständer für ein Surfbrett oder ein Schiebedach. Schließlich ist es doch so: Wenn sie ein Wort mitreden durften, sind sie mit Ihrer letztlichen Wahl wahrscheinlich viel eher einverstanden, als wenn nicht.

Wenn Sie alles oben Genannte sowieso immer beherzigen, dann bekommen Sie die volle Punktzahl. Dann wäre es gut, Sie würden dieses Buch schreiben und nicht ich. Ich für meinen Teil denke nicht immer daran, alles mit meinen Kindern zu besprechen. Aber immerhin oft genug, um zu sehen, was für einen Unterschied es für die Kids ausmacht, dass sie gefragt werden und sich als Teil der Familie ernst genommen fühlen. Außerdem können sie uns Eltern von großem Nutzen sein, wenn sie wissen, was läuft. Sie haben immer einen Sack voller Ideen – Ideen, die natürlich erst geprüft werden müssen, aber manchmal ist ein sehr brauchbarer Vorschlag dabei, auf den ich sonst nie gekommen wäre.

REGEL 29

LEGEN SIE KLARE ZIELE FEST

Dies ist eine Regel, die ich dem Bereich der Geschäftswelt entnommen habe, eine sehr gute obendrein. Gute Manager sind immer daran interessiert, Ziele festzulegen und auf bestimmte Ziele hinzuarbeiten. Und damit liegen sie absolut richtig. Es ist sehr niederschmetternd, wenn Ihr Chef zu Ihnen sagt: „Verkaufen Sie mehr!“ Sie wissen dann nicht, ob die zehn Prozent Absatz mehr, die Sie diesen Monat erzielt haben, Ihren Chef enttäuschen oder in Erstaunen versetzen werden. Und Sie können vermuten, dass er das selbst auch nicht so genau weiß, denn sonst hätte er ja ganz klar zu Ihnen gesagt: „Verkaufen Sie zehn Prozent mehr!“

Wir alle wissen von unserer Arbeitserfahrung her, dass klare Zielvorgaben uns ein gutes Gefühl geben. Wir wissen dann, was von uns erwartet wird und merken, dass unser Chef sich für unsere Arbeitsleistung interessiert. Warum sagen wir dann zu unseren Kindern Sätze wie: „Halte Dein Zimmer sauber!“, oder: „Mach den Kaninchenstall öfter sauber!“, oder: „Sitz nicht so lang am Computer“?

Können Sie da nicht heraushören, dass Sie nicht wirklich so genervt sind, wie Sie es zu sein vorgeben? Was klingt für Sie überzeugender – wenn Sie sagen: „Sitz nicht so lang am Computer“, oder: „Du darfst zwei Stunden am Tag Computer spielen, nicht mehr“? Und was wird Ihr Kind eher verstehen?

Manchmal geben wir uns einfach nicht genug Mühe, und manchmal denken wir zu wenig darüber nach, ob unser Kind überhaupt versteht, was wir meinen. „Mach den Kaninchenstall öfter sauber!“ – das mag in Ihren Ohren ja sehr eindeutig klingen, aber Ihr Kind könnte sich fragen, was Sie

eigentlich wollen. Bedeutet dieses „öfter“ einmal in der Woche oder einmal im Monat? Oder bedeutet es, dass man dem Kaninchen zweimal pro Woche frisches Heu geben und die Sägespäne nur alle zwei Wochen wechseln muss? Wenn Sie wollen, dass Ihre Kinder motiviert sind, Ihren Bitten Folge zu leisten und dabei das Gefühl haben, es ist Ihnen wichtig, dann sollten Sie Ihre Ziele möglichst genau definieren. Und, was das Wichtigste ist: Dann werden sie auch tun, worum Sie sie bitten.
Ich selbst habe diese Regel erst vor einigen Jahren kapiert, als ich eines meiner Kinder bat, sein Zimmer aufzuräumen. Als ich später wieder nach oben ging, musste ich feststellen, dass das Zimmer noch fast so unordentlich war wie zuvor. Als ich meine Tochter deswegen bestrafen wollte, sah sie mich richtig beleidigt an und sagte: „Aber ich hab doch aufgeräumt. Schau!“ Sie hatte lediglich alles, was auf dem Boden lag, aufgehoben ... nicht mehr. Aber sie dachte tatsächlich, das wäre alles, was ich wollte. Da begriff ich, dass es mein eigener Fehler war und dass das Zimmer nicht nur immer noch unordentlich war, sondern dass ich unfair zu ihr gewesen war.

MANCHMAL GEBEN WIR UNS EINFACH NICHT GENUG MÜHE, UND MANCHMAL DENKEN WIR ZU WENIG DARÜBER NACH.

REGEL 30

NÖRGELN SIE NICHT HERUM

Kürzlich las ich einen sehr interessanten Text über jemanden, der sich wissenschaftlich mit dem Herumnörgeln beschäftigt hatte. (Ich weiß nicht, wie oft man ihn darum bitten musste.) Die zentrale Aussage war, dass Leute, an denen Sie herumnörgeln, das, was Sie von ihnen wollen, weniger bereitwillig tun, als wenn sie nicht meckern würden.

Wie können Sie Ihre Kinder dazu bringen, etwas Bestimmtes für Sie zu tun, ohne zu nörgeln? Nörgeln hat immer so einen ärgerlichen, genervten Unterton, und das macht alles so unsympathisch. Und wenn dieses Nachbohren richtig penetrant wird – und das ist etwas, was Eltern, die die Regeln befolgen, unbedingt vermeiden sollten –, nörgeln Sie eher an der Art ihrer Kinder herum als an dem, was sie tun sollten. „Du hast die Tür nicht zugemacht", ist ein vernünftiger Tadel, aber: „Warum machst Du die Tür nie zu?" ist nichts anderes als Herumnörgeln. Noch schlimmer ist es, wenn Sie ihren natürlichen Charakter angreifen, etwa mit dem Satz: „Du denkst auch nie an andere", oder: „Mann, was bist Du ungeschickt." Wenn Sie solche Dinge zu Ihren Kindern sagen, machen Sie sie nur noch schlimmer. Ist es ihre Schuld, wenn sie daraufhin schlimmer werden?

Es ist nicht nötig, einen ärgerlichen Ton anzuschlagen oder persönlich zu werden. Sie brauchen sie nur mit energischem Ton zu bitten und ihnen klar zu machen, was passiert, wenn sie nicht folgen. Etwa so: „Bitte mach jetzt Deine Hausaufgaben! Wenn Du sie bis sechs Uhr nicht gemacht hast, muss ich den Computer so lange abschalten, bis Du sie fertig hast." Verhalten Sie sich dann bis sechs Uhr ruhig und schalten Sie, wenn es nötig ist, den Computer ab. Wenn das Ihre Standard-Methode ist, wird es nicht lange dauern, bis Ihre Kinder verstanden haben, dass Sie es ernst meinen.

Eines Tages war ich bei jemandem zum Mittagessen zu Besuch. Der Küchentisch, auf dem wir bald essen wollten, war noch übersät mit Spielsachen, Bildern, Süßigkeiten, Lego-Steinen, Spielkarten und anderem Zeug. Ich wurde etwas nervös und bot an, den Tisch abzuräumen. „Ach nein, das ist nicht nötig", meinte meine Gastgeberin, „das machen die Kinder schon." Ich fragte mich innerlich ernsthaft, wie sie ihre Kinder dazu bringen wollte, den Tisch sauber zu räumen, bevor alles verkochte, wo sie doch gerade in etwas anderes vertieft waren, aber was tat sie? Sie ging zur Küchentür und rief fröhlich hinaus: „Hört mal, Kinder – alles, was in zehn Minuten noch auf dem Küchentisch liegt, wandert in den Mülleimer!" Die Kinder, die solche Drohungen schon kannten – und offensichtlich schon öfter die Erfahrung gemacht hatten, dass ihre Mutter nicht bluffte –, kamen auf der Stelle herbei, und fünf Minuten später war der Tisch fertig fürs Mittagessen. Wie gesagt, da gab es kein Nörgeln – sie brauchte es ihnen nur einmal zu sagen und ihnen klar zu machen, was passieren würde, wenn sie ihre Anweisung ignorierten.

ES IST NICHT NÖTIG, EINEN ÄRGERLICHEN TON ANZUSCHLAGEN ODER PERSÖNLICH ZU WERDEN.

Es gibt noch etwas Wertvolles zum Thema Nörgeln zu sagen: Kinder durchlaufen eine lange, mehrjährige Phase, in der sie bestimmte Aufgaben übernehmen können, aber es ist nicht vernünftig, von ihnen zu erwarten, dass sie selbst daran denken. Seien Sie also nicht sauer, weil Ihr Kind schon wieder vergessen hat, den Hamster zu füttern, und schimpfen Sie es nicht; es ist viel besser, wenn Sie mit ihm vereinbaren, dass es den Hamster selbst füttert, wenn Sie es daran erinnern. Jetzt brauchen Sie nur noch jemanden, der Sie anmotzt, Sie sollten selbst daran denken.

REGELN FÜR MEHR DISZIPLIN

Ich weiß ja nicht, wie es Ihnen geht, aber ich persönlich mag das Wort „Disziplin" nicht besonders. Es klingt immer so nach Petzen, nach Bestrafung, ja sogar (bitte nicht) nach Schlagen. Es klingt nach: „Kinder sollte man sehen, aber nicht hören" und all solchem Zeug.
Dabei ist Disziplin, wenn Sie einmal von diesen blöden Assoziationen absehen, auch für Eltern eine gute und wichtige Fähigkeit. Wenn Sie sie richtig verstehen und umsetzen, ist es viel leichter, Elternteil zu sein und Kind zu sein. Sie werden sehen, Ihre Kinder werden sehr von Ihrer guten Disziplin profitieren. Wir haben uns bereits mit der Bedeutung von Grenzen beschäftigt (siehe Regel Nr. 24), und bei der Disziplin geht es darum, wie man diese Grenzen durchsetzt. Wenn Sie es richtig machen, brauchen Sie kein Petzen, keine Strafen und erst recht kein Schlagen. Dann ist jeder glücklich und zufrieden.

REGEL 31

ZEIGEN SIE SICH ALS ELTERN EINIG

Wenn Sie Ihren Chef fragen, ob er Ihnen einen Tag Sonderurlaub gewährt und er nein sagt, sind Sie vielleicht enttäuscht, aber Sie finden sich damit ab. Schließlich haben Sie kein Recht darauf. Aber nehmen wir mal an, Sie fragen den Chef Ihres Chefs und der sagt: „Klar, kein Problem." Wie sieht es dann aus?

Sie sind nicht sicher, ob es in Ordnung ist, wenn Sie einen Tag frei nehmen oder ob nicht. Aber eines ist sicher – dass die Meinung Ihres Chefs nicht viel zählt. Und dass Sie wissen, wohin Sie gehen können, wenn er wieder mal nein sagt. Eventuell würden Sie nächstes Mal Ihren direkten Vorgesetzten gar nicht erst fragen, sondern gleich zu dessen Chef gehen. Ihr Chef fühlt sich dann natürlich unterbewertet und frustriert, wahrscheinlich ist er auf seinen Boss sauer und weiß, dass Sie keinen Respekt mehr vor ihm haben. Und der Chef Ihres Chefs? Er wird feststellen, dass er nicht mehr so von Ihrem Chef respektiert wird und muss jetzt jede Anfrage direkt beantworten, und das am besten möglichst immer freundlich.

Klingt verwirrend, nicht wahr? Das überrascht mich nicht. Inkonsequenz in der Disziplin führt bei beiden Elternteilen zu einer Menge Verwirrung, Frust und Mangel an Respekt. Wenn der Chef Ihres Chefs Ihrem Chef den Rücken gestärkt hätte, wäre die Sache ganz einfach gewesen.

Sie sollten verstehen, dass Sie, wenn Sie Ihrem Partner in den Rücken fallen, damit Ihrem Kind keinen Gefallen tun und dass es Sie deswegen nicht mehr lieben wird als sonst (geben Sie's zu, das ist Ihr eigentlicher

Grund). Sie verwirren Ihr Kind dadurch nur und untergraben seinen Respekt für Sie beide sowie sein Vertrauen in die Gültigkeit der wichtigen Grenzen.

Auch wenn Sie alleinerziehend sind, sind Sie deswegen noch lange nicht aus dem Schneider. Dasselbe gilt nämlich auch, wenn jemand anderer mit verantwortlich für Ihr Kind ist – seien es Ihre Eltern, wenn sie mit Ihnen zusammen in den Urlaub fahren oder Ihr Babysitter oder Ihr Freund, der sich am Dienstagnachmittag nach der Schule seiner annimmt.

Wenn Sie wollen, dass Ihr Kind sich sicher fühlt, müssen Sie einander gegenseitig den Rücken stärken. Das bedeutet, dass Sie sich auch die unangenehme Rolle des strengen Polizisten teilen müssen. Es ist aber die Sache wert: Ihr Kind wird dann zufriedener sein, die Grenzen besser verstehen und achten, und es wird Sie beide deswegen mehr respektieren und lieben. Letzten Endes lohnt das die Mühe.

Natürlich müssen Sie nicht beide jeder nur möglichen kleinen Regel im Voraus zustimmen – Sie sollten bei Details lediglich vereinbaren, dass der eine dem, was der andere gesagt hat, nicht widerspricht. „Wenn Papa nein gesagt hat, dann bleibt es auch dabei." Das Wesentliche – abgesehen von den großen Fragen, über die Sie sich von vornherein einig sein sollten – ist: Die Tatsache, dass Sie sich einig sind, ist wichtiger als, worüber Sie sich einig sind.

DIE TATSACHE, DASS SIE SICH EINIG SIND, IST WICHTIGER ALS, WORÜBER SIE SICH EINIG SIND.

REGEL 32

MEHR ZUCKERBROT ALS PEITSCHE

Können Sie sich noch erinnern, wie es war, als Sie selbst einmal Kind waren? Kommen Sie, versuchen Sie es – natürlich geht es. Nehmen wir an, Ihr Lehrer sagt zu ihnen, Sie bekommen ein Fleißkärtchen oder eine Süßigkeit, wenn Sie den nächsten Rechtschreibtest gut machen. Jetzt stellen Sie sich vor, Sie bekommen nichts fürs Gutmachen, sondern werden gewarnt, Sie bekommen, wenn Sie es schlecht machen, Arrest oder müssen nachsitzen, dürfen bei bestimmten Sportspielen nicht mitmachen oder müssen doppelt so viel Sport treiben (je nachdem, was Ihrer Neigung entspricht). Welche von den beiden Methoden würde wohl am ehesten dazu führen, dass Sie es gut machen?

Wenn Sie wie ich wären, hätten Sie eine gute Chance, jede Rechtschreibprüfung zu bestehen. Aber ich hätte es bestimmt noch besser gemacht, wenn ich dafür belohnt worden wäre – Sie auch, wenn Sie so sind wie die meisten. Wenn man den meisten Forschern und Kinderpsychologen glaubt, reagieren Kinder viel besser auf Lob als auf Strafen und kooperieren dann viel eher.

Das bedeutet nicht, dass Sie Ihre Kinder jedesmal loben müssen, wenn sie „bitte" gesagt oder ihr Zimmer aufgeräumt haben. Meistens wird es ihnen reichen, dass sie wissen, dass Sie ihre Bemühungen wahrgenommen haben und sich darüber freuen. Sagen Sie es ihnen ruhig mal, zum Beispiel so: „Schön, dass Du danke gesagt hast", oder: „Hey, Du hast ja Dein Zimmer sauber gemacht, bevor ich Dich auch nur darum bitten musste. Klasse!"

Oder: „Danke dafür, dass Du heute Morgen so schön ruhig warst, so dass ich länger schlafen konnte!" Sie werden sehen, sie wollen es wieder tun, damit Sie sie wieder loben. Es ist ganz wesentlich, dass sie wissen, dass Sie es bemerkt haben; denken Sie daran, es ihnen zu sagen, sonst funktioniert es nicht (und Sie werden am nächsten Sonntag durch streitende Kinder aus dem Schlaf gerissen).

ES IST GANZ WESENTLICH, DASS SIE WISSEN, DASS SIE ES BEMERKT HABEN; DENKEN SIE DARAN, ES IHNEN ZU SAGEN.

Wenn es um größere Dinge geht, die Sie mit ihnen im Voraus besprechen müssen, ist es ebenfalls wichtig, dass Sie Zuckerbrot statt Peitsche anwenden. Sagen Sie ihnen, sie bekommen ihr Lieblingsessen, wenn sie wirklich gut im Sport sind oder versprechen Sie ihnen eine Aufstockung ihres Kleidergeldes, wenn sie ihr Zimmer einen Monat lang sauber halten.

Damit will ich nicht sagen, Tadel und Strafen seien nicht am Platz, aber in einer idealen Welt sollten sie eigentlich nicht nötig sein und ziemlich in den Hintergrund treten. Sie sind für ernstere Verstöße und Fehlverhalten reserviert, und selbst dann sollte die sogenannte Peitsche immer in Kombination mit dem Zuckerbrot verwendet werden. So können Sie Ihrem Teenager sagen, wenn er abends immer zu spät heim kommt, gibt's eine Woche lang Hausarrest, aber wenn er sich einen Monat lang an die verabredete Zeit hält, wären Sie bereit, die Sperrstunde um eine Viertelstunde auszudehnen.

Noch ein Wort zur Warnung (ich möchte es Ihnen nicht zu leicht machen). Hüten Sie sich davor, zu viel Druck auf Ihre Kinder auszuüben, indem Sie ihnen große Belohnungen in Aussicht stellen und Ziele stecken, die Ihr Kind womöglich nicht schafft. Wenn Sie ihnen ein eigenes Auto versprechen oder ihnen Ihr eigenes leihen, falls sie in bestimmten Hauptfächern eine Eins schreiben, schaffen Sie einen hohen Leistungsdruck. Dann fühlen sie sich, wenn sie es nicht schaffen, doppelt bestraft – erstens, weil sie es nicht geschafft haben und zweitens, weil sie keinen fahrbaren Untersatz zur Verfügung haben.

REGEL 33

SEIEN SIE KONSEQUENT

Als ich noch ein Kind war und meiner Mutter eines Tages eine freche Antwort gab, lachte sie und meinte, sie sei froh, dass ich mich selbst behaupten könne. Am darauf folgenden Tag konnte es sein, dass ich für eine ähnliche Widerrede Dresche bekam. Ich wusste nie, wie sie in solchen Situationen reagieren würde. Das galt nicht nur für freche Widerworte meinerseits, sondern auch für die meisten anderen Fälle. Es bedeutete für mich, dass ich oft wie auf rohen Eiern laufen musste.

Es bedeutete auch, dass ich nicht genau wusste, was ich durfte und was nicht – es entschied sich immer wieder neu und zufällig, wie in einer Art Lotterie, hinter deren Gesetzmäßigkeit ich nicht kam. Daher hatte es für mich wenig Sinn, mein Verhalten zu regulieren. Nun gut, ich konnte Ärger kriegen, vielleicht aber auch nicht. Meist dachte ich, es sei das Risiko wert – für mich jedenfalls.

Auch Ihre Kinder verhalten sich so. Sie müssen wissen, was in Ordnung ist und was nicht. Sie bilden sich ihr Urteil, indem sie sich daran erinnern, was gestern und vorgestern okay war und was nicht. Wenn sie keine klare Rückmeldung bekommen, haben sie keine Ahnung, wie sie sich am besten benehmen sollten, und die wichtigsten Grenzen (siehe Regel Nr. 24) werden nicht eingehalten. Das bedeutet, die Kinder sind verwirrt und fühlen sich unsicher, vielleicht sogar nicht richtig geliebt.

Das Schwierigste an dieser Regel ist: Oft können Sie nicht einmal dann eine Ausnahme machen, wenn Sie es wirklich wollen, weil es Ihren Kindern gegenüber nicht fair wäre. Wenn Sie sich entschieden haben, Ihren Kindern grundsätzlich nicht zu erlauben, mit Ihnen in einem Bett zu

schlafen, müssen Sie dabei bleiben (es sei denn, Sie wollen die Regel für immer ändern). Nur weil Ihr Kleines heute etwas traurig war und weil es so warm und niedlich ist und nach dem Bad so gut duftet und weil Sie sich heute auch nicht so gut fühlen, könnten Sie ja ... Nein! Stopp! Hören Sie sofort damit auf! Wenn Sie Ihre Kinder auch nur einmal in Ihr Bett schlüpfen lassen, wird es das nächste Mal zehnmal so schwer sein, es ihnen zu verweigern und sie würden nicht verstehen, warum sie es plötzlich nicht mehr dürfen. Sagen Sie lieber Nein (aber zärtlich und mit einer Extra-Umarmung), und Sie sind zwar grausam, aber fair (zu ihnen und zu sich selbst).
Ist Ihnen aufgefallen, dass ich gesagt habe: „Es sei denn, Sie wollen die Regel für immer ändern“? Natürlich hat man immer die Möglichkeit, eine Regel zu ändern. Vielleicht stellen Sie plötzlich fest, das Leben könnte viel angenehmer sein, wenn Ihr Kind immer zu Ihnen ins Bett käme und Sie wissen gar nicht mehr genau, warum Sie einmal dieses Verbot ausgesprochen hatten. Nun, Sie dürfen Ihre Regel ändern (aber besprechen Sie es am besten zuvor mit Ihrer Partnerin/Ihrem Partner), aber wenn Sie sie einmal geändert haben, sollten Sie auch lange dabei bleiben. Wenn Sie die Regel Monat für Monat ändern, werden Ihre Kinder bald genauso verwirrt sein, wie wenn Sie sie Nacht für Nacht ändern würden. Wie lange Sie bei der neuen Version bleiben sollten? Am besten für immer, zumindest aber so lange, bis Ihre Kinder sich nicht mehr daran erinnern können, dass es jemals anders war.

DAS SCHWIERIGSTE AN DIESER REGEL IST: OFT KÖNNEN SIE NICHT EINMAL DANN EINE AUSNAHME MACHEN, WENN SIE ES WIRKLICH WOLLEN.

REGEL 34

SEIEN SIE FRÖHLICH

Als Teenager half ich eines Tages meiner Mutter beim Essenzubereiten (ich verwende das Wort „helfen“ hier im weitesten Sinne, wie Sie gleich sehen werden). Eigentlich kochte meine Mutter das Essen, aber ich holte die Erbsen für sie aus dem Gefrierfach. Aus Gründen, die ich heute nicht mehr weiß, hielt ich den Beutel tiefgefrorener Erbsen an der oberen Ecke fest und schnitt ihn unterhalb von Daumen und Zeigefinger auf. Wie man sich unschwer vorstellen kann, kullerten alle Erbsen (ich hielt nur noch die obere Ecke in der Hand) über den ganzen Boden – unter den Kühlschrank, unter den Herd, unter die Waschmaschine und überall um unsere Füße herum.

Entsetzt sah ich meine Mutter an, die schon genug damit zu tun hatte, das Fleisch zu tranchieren, die Soße nicht anbrennen zu lassen und das Gemüse zu kochen. Ich wartete auf das unvermeidliche Donnerwetter ... stattdessen lachte meine Mutter sich schief.

Wissen Sie, was? Ich habe denselben Fehler seither nie wieder gemacht (ja, ich weiß, die meisten anderen Menschen hätten ihn überhaupt nicht erst gemacht). Worauf ich hinaus will? Man musste mich nicht ausschimpfen, um mich dazu zu bringen, aus meiner Ungeschicklichkeit zu lernen. Es war für meine Sicht meiner Mutter und für unser Verhältnis zueinander viel besser, dass sie lachte, als dass sie mir sagte, wie dumm ich sei (was, um ehrlich zu sein, sowieso offensichtlich war).

Natürlich war es ein Missgeschick, nicht mehr, wenn auch ein sehr dummes. Aber was ist, wenn Ihre Kinder Sie absichtlich auf den Arm nehmen oder Ihnen schnippische Antworten geben? Selbst dann ist es oft besser, gute Miene zum bösen Spiel zu machen, als sich zu ärgern und aufeinander loszugehen. Wenn Sie einen bösen Scherz im Keim ersticken oder sie im richtigen Augenblick auf nette Weise necken, können Sie ihre Absicht, Ihnen für die nächsten Minuten das Leben zur Hölle zu machen, durchkreuzen. Sie erreichen damit, dass Sie alle mehr Spaß miteinander haben und dass Ihr Verhältnis zueinander besser wird.

Es gibt ein schaurig-schönes Kinderbuch von John Burningham. Es heißt: „Was ist dir lieber ...?“[10] Es fragt die kleinen Leser, ob sie zum Beispiel lieber mit Marmelade oder mit Wasser übergossen werden oder lieber von einem Hund durch den Schlamm gezogen würden. (Ich kann es Ihnen nur empfehlen – nicht, durch den Schlamm gezogen zu werden, sondern das Buch zu lesen.) Meine jüngeren Kinder lieben dieses Buch, und manchmal, wenn sie anfangen sich schlecht zu benehmen, kann ich sie bremsen, indem ich zu ihnen sage: „Willst Du lieber ... sofort mit dem Unsinn aufhören oder für fünf Minuten in Dein Zimmer geschickt werden oder eine halbe Minute gnadenlos gekitzelt werden?“ So erreiche ich, dass sie kichern müssen und von dem, was sie anstellen wollten, ablassen, und sie sind froh darüber, dass ich sie dazu auffordere aufzuhören, ohne sie auszuschimpfen. Wenn ich so darüber nachdenke, finde ich, ich sollte das auch mal bei einigen Erwachsenen, die ich kenne, probieren.

SEIEN SIE FRÖHLICH – SIE ERREICHEN DAMIT, DASS SIE ALLE MEHR SPASS MITEINANDER HABEN UND DASS IHR VERHÄLTNIS ZUEINANDER BESSER WIRD.

10) John Burningham, Was ist dir lieber ...? Sauerländer Verlag, 6. Aufl. 2006.

REGEL 35

KONZENTRIEREN SIE SICH AUF DAS PROBLEM, NICHT AUF DEN MENSCHEN

Ich kenne eine ehrwürdige, ernste Dame, die einen Kurs über das Verhalten von Kindern oder etwas Ähnliches besuchte. Einmal erzählte sie uns, sie habe dieses wichtige Prinzip gelernt: „Es gibt kein böses Kind, es gibt nur ein gutes Kind, das etwas Böses getan hat.“ Wir hielten das für eines der verrücktesten, komischsten Beispiele politisch korrekter Psychologie, das uns je zu Ohren gekommen war und ließen keine Gelegenheit aus, uns über diesen Quatsch lustig zu machen.

Allerdings muss ich inzwischen leider zugeben, dass die gute Dame absolut recht hatte. Ich finde den Satz selbst immer noch albern, nach dem Motto: „Es gibt keine bösen Computer, es gibt nur gute Computer, die Böses anstellen.“ Aber ich muss zu meiner Schande gestehen, dass an dem zugrunde liegenden Prinzip schon etwas dran ist.

Wenn Sie einem Kind einreden, es sei böse, egoistisch, faul, fett, dumm, grob, aufdringlich oder was auch immer, stempeln Sie es damit ab. Und das Kind wird an dieses Etikett, das Sie ihm da anheften, bald glauben (warum nicht – Kinder sind daran gewöhnt zu glauben, was wir ihnen sagen). Es wird damit beginnen, dieses Etikett für sich zu übernehmen und danach zu leben. Es wird sich denken: „Warum soll ich mich großartig anstrengen? Ich weiß doch, dass ich faul bin.“ Oder: „Was habe ich schon zu verlieren? Ich bin doch angeblich sowieso hässlich.“ Natürlich ist

das kein bewusster Denkprozess, zumindest nicht solange die Kinder noch klein sind. Aber wenn Sie ihnen einen Stempel aufdrücken, werden sie sich dementsprechend verhalten.
Was können Sie tun? Tadeln Sie ihr Verhalten, nicht ihren Charakter. Sagen Sie: „Das ist egoistisch. Sowas macht man nicht." Oder: „Es ist unhöflich, sich vorzudrängen." So kommentieren Sie nicht ihre Person, nur ihr Benehmen. Wenn Sie jetzt den Drang in sich spüren, zu schreien: „Aber er ist doch so stinkfaul!", sage ich nicht, dass Sie im Unrecht sind, obwohl es nicht politisch korrekt von mir wäre, zuzugeben, dass Sie damit recht haben könnten. Ich sage damit nur, Sie sollten es ihnen nicht direkt ins Gesicht sagen, oder jemand anderem, der es ihnen weitersagt. Sparen Sie sich das für Ihre privaten Gedanken auf, wenn sie zum dritten Mal hintereinander weggegangen sind, ohne den Tisch abzuräumen, geschweige denn Ihnen beim Abwasch zu helfen.

TADELN SIE IHR VERHALTEN,
NICHT IHREN CHARAKTER.

Bei positiven Etiketten ist es natürlich etwas ganz anderes. Solange sie zutreffen (bitte üben Sie keinen Druck auf Ihr Kind aus, indem Sie es dazu zwingen, etwas zu sein, was es nicht sein kann), ermutigen sie Ihr Kind ebenfalls, dem Etikett gerecht zu werden – sei es nun, rücksichtsvoll, vorsichtig, mutig oder was auch immer zu sein.
Sie können solche positiven Etiketten manchmal auch dazu nutzen, gutes Verhalten zu verstärken, wenn sie sich danebenbenommen haben, nach dem Motto: „Ich war echt überrascht zu sehen, dass Du so grob warst. Du bist doch sonst immer so höflich!" Das gibt Ihrem Kind das Gefühl, dass Sie viel von ihm halten und dass es nicht zu spät ist, zu versuchen, ein höfliches Kind zu bleiben.

REGEL 36

MANÖVRIEREN SIE SICH NICHT IN EINE AUSWEGLOSE SITUATION

Bei dieser Regel schneide ich persönlich leider immer ganz schlecht ab. Das hängt damit zusammen, dass ich ein sehr spontaner Mensch bin (gute Ausrede, nicht wahr?). Ich schieße einfach los und – peng! Ehe ich mich versehe, habe ich eine düstere Drohung ausgestoßen, deren Folgen ich gar nicht absehen kann. So habe ich meinem Sohn vor Kurzem ein Jahr Fernsehverbot gegeben! Das war vollkommen undurchführbar, völlig überzogen, wenn man bedenkt, was er getan hatte – und es war niemandem von uns damit geholfen. Wie kommt man aus diesem Schlamassel wieder heraus?[11]

Zum Glück bin ich nicht dazu da, Ihnen zu raten, Sie sollten es wie ich machen. Ich gebe Ihnen nur weiter, was ich aus der Beobachtung anderer Eltern gelernt habe, von denen viele mit Sicherheit bessere Eltern sind als ich. Aber ich weiß inzwischen, wann ich einen Fehler mache und mache es heute besser als früher (außer bei dem heiklen Thema Fernsehverbot). Und wie Sie wissen, ist das Wichtigste, wenn man als Eltern(teil) die Regeln befolgen will, zu wissen, wann es nottut, dazuzulernen und ständig weiter an sich zu arbeiten.

Natürlich ist das Hauptproblem bei einem einjährigen Fernsehverbot, dass man Drohungen auch durchführen muss. Wenn Sie Ihrem Kind sagen, es darf erst mit den Plastikbausteinen spielen, nachdem es die Murmeln

aufgeräumt hat, müssen Sie Ihr Verbot auch bis zum Ende durchziehen. Wenn sie feststellen, dass es nur leere Drohungen sind, nehmen Kinder Ihre Drohungen nicht ernst.
Einer meiner Freunde machte seine Drohungen nie wahr und hatte infolgedessen ziemlich chaotische Kinder. Nachdem er mit einem klugen Freund darüber gesprochen hatte, entschied er sich, es mit einer anderen Methode zu versuchen. An einem Urlaubstag mit seiner Familie drohte er seinem Sohn an: „Wenn Du jetzt nicht aufhörst, darfst Du morgen nicht mit zum Surfen." Der Sohn dachte sich nur: „Natürlich darf ich – Pa tut ja doch nie, was er sagt, und wenn ich doch nicht darf, muss jemand anderer den ganzen Tag bei mir bleiben."
Der Sohn wusste nicht, dass sein Vater es diesmal tatsächlich durchziehen würde. Als er mit seinem bösen Verhalten weitermachte, setzte sein Dad am nächsten Tag durch, dass er zu Hause bleiben musste und blieb ebenfalls daheim, um ihm zu zeigen, dass er es ernst meinte. Was geschah? Der Sohn durfte nicht surfen gehen und musste tatsächlich den ganzen Tag allein mit seinem Vater zusammen im Haus verbringen, der schlecht gelaunt war, weil er wegen seines Sohnes ebenfalls auf einen Tag Surfen verzichten musste. Ich brauche wohl nicht zu betonen, dass die Maßnahme sehr effektiv war und mein Freund sich darin bestätigt fühlte, seine Drohungen von jetzt an immer wahr zu machen.
Darum gilt: Machen Sie Ihre Drohungen stets wahr und manövrieren Sie sich durch eine unerfüllbare Drohung nicht in eine Ecke, aus der Sie nicht mehr herauskommen können oder wollen. Denken Sie nach, bevor Sie einfach drauflos plappern (das gilt auch für mich – ich muss da noch härter an mir arbeiten).

WENN SIE FESTSTELLEN, DASS ES NUR LEERE DROHUNGEN SIND, NEHMEN KINDER IHRE DROHUNGEN NICHT ERNST.

11) Die Antwort finden Sie in Regel Nr. 38.

REGEL 37

WENN SIE WÜTEND WERDEN, HABEN SIE SCHON VERLOREN

Unsere Kinder lernen durch Beobachten, wie man sich benimmt – und zwar von uns. Wenn wir „bitte“ und „danke“ sagen, lernen sie es (mit der Zeit) auch. Wenn wir höflich zu anderen Menschen sind, werden sie es auch sein. Wenn wir uns schon vor dem Frühstück eine Line Kokain reinziehen, werden sie auch das für normal halten. Und wenn wir jedesmal wütend werden, wenn andere Leute nicht das tun, was wir von ihnen verlangen, denken sie, es wäre korrekt so.

Meistens fällt es uns nicht schwer, uns so zu benehmen, wie wir das von unseren Kindern wünschen. Aber wenn Ihr Blutdruck steigt, wird es mit der Vorbildfunktion schwierig – gerade dann also, wenn es am schwersten ist, ein gutes Vorbild abzugeben (Mist!). Was machen Sie, wenn Ihr Kind mit Ihnen diskutiert? Schaffen Sie es, ruhig zu bleiben, die Stimme nicht zu heben und zuzuhören, was Ihr Kind zu Ihnen sagt? Es ist, weiß Gott, nicht einfach, aber es ist die einzige Möglichkeit, zu erreichen, dass auch Ihr Kind dabei ruhig bleibt.

Aus irgendeinem unerfindlichen Grund ist es bei Paaren meistens so, dass der eine im Umgang mit den Kindern viel leichter die Nerven verliert als der andere. Sollten Sie derjenige mit den schwächeren Nerven sein, fühlen Sie sich nicht als Versager – Ihr Verhalten ist ganz normal. Aber Sie sollten verstehen, dass Sie jedesmal, wenn Sie im Umgang mit Ihren Kindern die Nerven verlieren, deren wütende Reaktion herausfordern und diese damit letztlich akzeptieren. Und das macht Sie zum Verlierer. Es ist auch nicht sehr hilfreich für ihre zukünftigen Beziehungen, wenn sie in dem Denken aufwachsen, sie müssten nur herumschreien und würden dann schon bekommen, was sie wollen und Brüllen sei die richtige Konfliktlösung.

Dasselbe gilt übrigens für Prügel. Egal, welche Einstellung Sie zu Ohrfeigen und zum Schlagen von Kindern haben – es ist eine Tatsache, dass es nicht gut für Kinder ist. Es vermittelt Ihren Kindern die Botschaft, dass sie – zumindest manchmal – nur dann erreichen, was sie wollen, wenn sie andere Menschen ebenfalls schlagen. Sollte Ihnen tatsächlich im Eifer des Gefechts die Hand ausrutschen, sagen Sie Ihrem Kind hinterher, dass Sie für einen Moment die Beherrschung verloren haben. Das ist ziemlich beängstigend für Kinder, genauso wie der Eindruck, es sei okay, die Beherrschung zu verlieren und aggressiv zu sein. Wenn Sie es kaltblütig tun, zeigen Sie Ihrem Kind damit, dass Sie es kühl durchdacht haben und zu der Meinung gelangt sind, Aggression sei die richtige Antwort.

Wenn Sie Ihrem Kind häufig Ohrfeigen geben oder es schlagen, schädigen Sie es damit emotional und riskieren, dass es seinerseits zum Schläger wird. Wenn Sie es fast nie tun, warum tun Sie es dann überhaupt? Meine Ansicht, jedenfalls in Bezug auf bestimmte Kinder, ist: Wenn Sie anfangen, sie zu schlagen, wann wollen Sie damit aufhören? Wenn Ihr Kind dann und wann tatsächlich eine Ohrfeige verdient hat, ist es genau die Art Kind, die man lieber nicht ohrfeigen sollte. Eltern, die die Regeln befolgen, haben es nicht nötig, ihre Kinder zu schlagen oder zu ohrfeigen.

WENN IHR KIND DANN UND WANN TATSÄCHLICH EINE OHRFEIGE VERDIENT HAT, IST ES GENAU DIE ART KIND, DIE MAN LIEBER NICHT OHRFEIGEN SOLLTE.

Was also ist zu tun, wenn Sie spüren, wie Ihnen die Galle hochkommt und wissen, dass Sie kurz davor sind, aus der Haut zu fahren? Lernen Sie, so früh wie möglich die Zeichen zu erkennen – so früh, dass Sie noch Zeit haben, anders darauf zu reagieren. Falls das nicht mehr möglich ist, laufen Sie lieber weg – wenn es sein muss, schnell. Verlassen Sie die Situation so lange, bis Sie sie wieder handhaben können – nennen Sie es meinetwegen Ihre „Eltern-Auszeit“. Wenn Ihre Kinder noch jung sind, vergewissern Sie sich zuerst, dass sie sicher sind (nehmen Sie sie notfalls auf den Arm und bringen Sie sie an einen sicheren Ort) und ziehen Sie sich dann auf eine sichere Entfernung zurück – wenn nötig, außer Hörweite –, bis Sie sich wieder beruhigt haben und ruhig wieder in den ‚Ring‘ zurück können. Wenn Sie Glück haben, hat das Kind bis dahin seinen Ausraster sowieso schon hinter sich.

REGEL 38

ENTSCHULDIGEN SIE SICH FÜR IHRE FEHLER

Wie Sie inzwischen eigentlich schon wissen müssten[12], ist unser eigenes Benehmen das stärkste Vorbild für das Verhalten unserer Kinder. Wir haben es bereits erwähnt: Wenn Sie nicht wollen, dass Ihre Kinder dauernd die Nerven verlieren, dürfen Sie es auch nicht tun, und wenn Sie wollen, dass sie „bitte“ und „danke“ sagen, müssen Sie es auch zu ihnen sagen. Hier kommt etwas anderes, was Sie ihnen ebenfalls vorleben müssen – aber seltsamerweise scheinen viele Eltern gerade mit dieser Regel ihre Probleme zu haben.

Ich nehme an, es liegt daran, dass sie meinen, wenn sie zugeben, im Irrtum (gewesen) zu sein, untergraben sie damit das Vertrauen ihres Kindes in ihre Allmächtigkeit. Wenn Sie Ihren Kindern sagen, dass Ihnen etwas leid tut, werden sie begreifen, dass auch Sie nicht perfekt sind. Dazu kann ich nur sagen: Es ist nur eine Frage der Zeit, bis sie es sowieso selbst herausfinden. Besser ist es, ihnen hin und wieder sanft zu zeigen, dass Sie nicht der liebe Gott sind und dass auch Sie Fehler machen.

Je eher Sie bereit sind, sich für Ihr Fehlverhalten zu entschuldigen, umso mehr werden Ihre Kinder einsehen, dass es keine Schande ist, wenn man zugibt, dass man etwas falsch gemacht hat – diejenigen Erwachsenen, die sie gut finden, haben damit kein Problem. Sie verstehen dann, dass jeder Mensch mal Fehler macht und dass das nichts ist, dessen man sich schämen muss. Man sollte sich dessen bewusst sein, das schon, und bereit sein, eigene Fehler zu korrigieren, aber man braucht sich ihrer nicht zu schämen. Es ist wichtig und notwendig, dass Ihre Kinder es als normal ansehen, sich instinktiv zu entschuldigen, wenn sie merken, dass sie jemanden verletzt, beleidigt, in Schwierigkeiten gebracht oder verärgert haben.

ES IST WICHTIG, DASS IHRE KINDER
ES ALS NORMAL ANSEHEN,
SICH INSTINKTIV ZU ENTSCHULDIGEN.

Manche Erwachsene haben Probleme damit, sich überhaupt bei irgendeinem Menschen zu entschuldigen, ganz zu schweigen von ihren eigenen Kindern. Sollte es Ihnen schwer fallen, zuzugeben, dass Sie sich geirrt haben oder im Unrecht waren, sollten Sie es jetzt üben, bevor Ihre Kinder Ihnen in dieser Beziehung nacheifern.[13] Elternsein ist die richtige Gelegenheit, Ihre Mängel zu beheben, bevor Sie sie an künftige Generationen weitergeben.

Erinnern Sie sich noch an Regel Nr. 36, wo ich sagte, dass ich meinem Sohn ein Jahr Fernsehverbot gegeben hatte? Die einzige Chance, da wieder herauszukommen, war, dass ich ihm klar sagte: „Es tut mir leid, dass ich einen Fehler gemacht habe. Ich bin aus der Haut gefahren, was ich nicht hätte tun sollen und habe infolge dessen eine absurde Drohung ausgesprochen. Ich hätte lieber sagen sollen, Du darfst jetzt eine Woche lang nicht mehr fernsehen – und so kommt es jetzt auch, weil Du danach weiterhin frech zu mir warst."

Es ist nicht leicht, sich selbst so zu erniedrigen, aber ich hatte es mir selbst zuzuschreiben.

12) Ich setze voraus, dass Sie das Buch von Anfang bis Ende lesen und nicht hier zu lesen beginnen

.

13) Ich nehme an, dass Sie es sowieso nicht zugeben können, wenn es sich um Sie selbst handelt. Ich vertraue lediglich darauf, dass Sie, wenn Sie die Regeln beachten, irgendwo anfangen wollen. Kommen Sie – so schwer ist es nun auch wieder nicht ...

REGEL 39

NEHMEN SIE SIE WIEDER IN DIE ARME

Nehmen wir an, Sie hatten mal wieder eine Auseinandersetzung mit Ihrem Kind. Vielleicht haben Sie sich ordentlich benommen, vielleicht auch nicht so gut (wir sind alle nur Menschen). Aber Sie sind doch jetzt jemand, der die Regeln befolgt, also kann es gar nicht so schlimm gewesen sein. Ihr Kind jedoch war ziemlich wütend und musste auf sein Zimmer geschickt werden.

Was passiert jetzt? Das ist sehr wichtig, und ich habe eine eigene Regel daraus gemacht, weil ich immer wieder Eltern sehe, die es auf fatale Weise noch schlimmer machen. Das Kind kommt die Treppe herunter, es ist zerknirscht, ja sogar reumütig, und Vater oder Mutter haben nichts Eiligeres zu tun, als ihm abermals zu sagen, wie schlecht es sich benommen hat. Das bringt das Kind wieder in eine Abwehrhaltung, es mault zurück und wird prompt erneut nach oben geschickt. Oder Vater oder Mutter reden gar nicht mehr mit ihm und sind beleidigt.

Beides ist falsch, denn beide Male erlauben Sie Ihrem Kind nicht, aus den schlechten Gefühlen, mit denen es gerade versuchen wollte zurechtzukommen, wieder herauszufinden. Kürzlich habe ich gehört, wie ein Elternteil zu seinem Kind sagte, als es sich bei ihm entschuldigen wollte: „Es ist mir nicht so wichtig, dass Du Dich entschuldigst. Viel wichtiger ist mir, dass Du es nicht wieder tust.“ Das stimmt natürlich, aber ich finde es den falschen Zeitpunkt, es zu sagen. Das arme Kind fühlte, dass jetzt immer noch nicht alles wieder gut war, und ich konnte sehen, dass es nahe daran war, in Tränen auszubrechen.

Das Wichtigste ist, dass Ihr Kind weiß, dass Sie es trotzdem immer noch lieben. Es muss auch lernen, dass es wichtig ist, um Verzeihung zu bitten und zu versuchen, sich künftig besser zu benehmen. Wenn Sie immer noch „sauer" sind, warum soll es sich dann anstrengen? Lassen Sie es wissen, sobald die Auseinandersetzung vorbei ist, dass Sie es lieb haben und es wieder bereitwillig bei sich aufnehmen – und dass Sie seine Entschuldigung annehmen und sich darüber freuen, dass es zumindest eine Mitschuld an dem Streit auf sich nimmt.

DAS WICHTIGSTE IST, DASS IHR KIND WEISS,
DASS SIE ES TROTZDEM IMMER NOCH LIEBEN.

Natürlich kann es sein, dass Sie das Gefühl haben, Sie müssen noch einmal mit Ihrem Kind über die Sache reden – sei es über das Thema Ihrer Auseinandersetzung oder über den Stil, in dem sie abgelaufen ist. Aber tun Sie es bitte nicht sofort. Heben Sie es sich für dann auf, wenn Ihre gute Beziehung wiederhergestellt ist. Wenn Ihr Kind schon älter ist, können Sie ihm ja sagen, dass Sie später noch mal mit ihm darüber reden wollen, oder Sie sprechen die Sache einfach zu einem späteren Zeitpunkt noch einmal an – etwa beim Autofahren (da kann Ihr Kind Ihnen nicht davonlaufen) oder vor dem Zubettgehen. Aber nicht in Gegenwart anderer, die nichts damit zu tun haben – egal, ob es Angehörige, Geschwister oder Freunde sind.
Wenn Sie wissen, dass Sie einer von denen sind, die alles gern bis zum Gehtnichtmehr besprechen, widerstehen Sie lieber der Versuchung, noch einmal über den Streit zu sprechen, es sei denn, es ist unbedingt notwendig, besonders gegenüber Jugendlichen. Die meisten Kinder wissen auch so, was sie falsch gemacht haben – nach jeder Auseinandersetzung ausführlich darüber zu reden, nervt sie nur. Es ist keineswegs leicht für sie, ersparen Sie es ihnen lieber, wenn es nicht unbedingt notwendig ist. Natürlich kann es sein, dass der ursprüngliche sachliche Konflikt noch nicht gelöst ist, aber sparen Sie sich das so lange auf, bis Sie beide wieder besser miteinander auskommen.

40

DAS RECHT, SICH AUSZUDRÜCKEN

Sie sind bestimmt der Ansicht, Sie haben es leichter, wenn Ihr Kind ausgeglichen ist. Keine Streitereien, keine Tränen, keine Wutausbrüche. Sie haben recht, es ist einfacher für Sie. Aber es ist nicht gut für Kinder, wenn sie immer so sind. Sie haben starke Gefühle und müssen diese auch zeigen und ausleben können. Wenn sie wütend sind, müssen sie es auch sagen dürfen. Ihre Aufgabe ist es, ihnen beizubringen, es auf eine akzeptable Art und Weise zu sagen und nicht mit ihren Gefühlen hinter dem Berg zu halten.

Ich kenne Familien, in denen die Kinder geschimpft werden, weil sie ärgerlich sind, egal wie sich das ausdrückt. Natürlich müssen Kinder lernen, ihren Ärger auszudrücken, ohne gleich aggressiv zu werden, zu fluchen oder zu drohen, aber man muss ihnen doch zugestehen, dass sie sich ärgern und dass sie es auch sagen. Ärger kann ja durchaus berechtigt sein. Ihre Kinder sollten wissen, dass sie berechtigten Ärger loswerden dürfen, ohne deswegen gleich ausgeschimpft zu werden. Sagen Sie: „Ich verstehe schon, warum Du wütend bist, aber das ist noch lange kein Grund, Deine Schwester zu beschimpfen."

Ein Kind, das seine Gefühle nicht ausdrücken darf, kann sie auch nicht loswerden – selbst Erwachsene haben mit diesem Problem oft sehr zu kämpfen. Alles, was so ein Kind tun kann, ist, sie in sich hineinzufressen, und das kann zu emotionalen, oft sogar zu körperlichen Problemen führen. Noch schlimmer ist, es kann sich zu einem erwachsenen Menschen entwickeln, der seine Gefühle nicht ausdrücken kann, etwas, was für jede Art Beziehung hochgradig schädlich ist, insbesondere für enge Paarbeziehungen.

Menschen, die ohne echte Auseinandersetzungen aufgewachsen sind, verstehen nicht, dass man nach einem Streit auch wieder „miteinander gut sein“ kann. Sie haben Angst, mit ihrem Partner zu streiten – Angst, sitzen gelassen zu werden. Das hat zur Folge, dass Probleme nicht offen ausgesprochen werden, dass sich schlechte Gefühle entwickeln, dass Gefühle zurückgehalten werden – alles Dinge, die, wie wir alle wissen, einer Beziehung nicht gut tun.

Ich weiß, wir sind hier noch im Abschnitt „Regeln für Disziplin“, aber wo wir schon mal dabei sind, über den Ausdruck von Gefühlen zu sprechen, möchte ich betonen, wie gut es Kindern tun kann, weinen zu dürfen. Liebe Erwachsene, kapiert das doch endlich. Es gibt nur wenige Eltern, die ihre Kinder bestrafen, weil sie weinen, aber ich kenne viele Eltern, die dann sagen: „Na komm, Du bist doch kein Baby mehr“, oder: „Na komm, ist doch nicht so schlimm.“ Offensichtlich ist es für die Kleinen eben doch so schlimm, sonst würden sie nicht weinen, oder? In der Schule müssen sie früh genug lernen, nicht zu weinen, wenn es als unangemessen gilt – lassen Sie sie also lieber weinen. Vor vielen Jahren habe ich von einem sehr lieben Freund gelernt, man solle, wenn ein Mensch weint (das gilt auch für Erwachsene), nicht sagen: „Na komm, wein doch nicht!“, sondern: „Nur zu. Wein ruhig. Lass es raus. Lass alles raus!“

> EIN KIND, DAS SEINE GEFÜHLE NICHT AUSDRÜCKEN DARF, KANN SIE AUCH NICHT LOSWERDEN.

REGELN FÜR DIE PERSÖNLICHKEIT IHRES KINDES

S

Sie können jeden, der mehr als ein Kind hat (vielleicht gehören Sie ja auch dazu), fragen – jeder wird Ihnen sofort bestätigen, dass jedes Kind anders ist. Kinder können dieselben biologischen Eltern haben, in derselben Familie aufwachsen, in die gleiche Schule gehen, denselben Urlaub miteinander erleben, und trotzdem sind es völlig unterschiedliche Menschen.

Das hat Folgen für Ihre Erziehungsmethoden. Ihr Ziel muss es sein, ihre Individualität zu fördern, nicht, sie in irgendeine Form zu pressen und so zu erziehen, wie Sie sie haben wollen. Nun, als Eltern, die die Regeln befolgen, wissen Sie das sicher schon. Aber wie geht das? Darum geht es in den nächsten paar Regeln. Wenn Sie sie befolgen, befähigen Sie Ihre Kinder, die wunderbaren, unabhängigen, selbstsicheren und selbständigen Menschen zu werden, die sie immer schon werden sollten.

REGEL 41

FINDEN SIE HERAUS, AUF WELCHE ANREIZE IHR KIND REAGIERT

Eines meiner Kinder kann ich zu fast allem überreden, wenn er glaubt, ich bin enttäuscht von ihm, wenn er es nicht tut. Das ist wirklich nützlich, obgleich ich natürlich vorsichtig damit umgehen muss und ihn emotional nicht erpressen darf.[14] Er bemüht sich verzweifelt, es anderen Leuten recht zu machen, und ich kann dieses Wissen verwenden, um ihn zu motivieren. Natürlich muss ich, wenn er mir zuliebe etwas getan hat, ihm auch deutlich sagen, wie erfreut, beeindruckt oder bewegt ich von seinem Verhalten bin.

Ein anderes meiner Kinder interessiert sich überhaupt nicht dafür, ob mir etwas, was es tut, gefällt oder nicht. Wenn es nach ihm geht, ist das mein Problem. Andererseits mag er es, als fast schon erwachsen und verantwortungsbewusst zu gelten. Das ist mein Ansatzpunkt bei ihm, um ihn zu etwas zu bewegen.

Alle meine Kinder brauchen unterschiedliche Anreize, und es sind bei Weitem nicht immer dieselben, die auch für mich persönlich gelten (obwohl zum Beispiel Schokolade bei fast allen zieht – aber natürlich sollten wir Kinder nicht mit Süßigkeiten locken, siehe Regel Nr. 27). Manches sind emotionale Anreize, wie anerkannt zu sein, als erwachsen angesehen zu werden, beliebt zu sein. Andere Anreize sind spezifischer Natur, etwa wenn Sie Ihr Kind dazu ermutigen, zu tun, was Sie wollen, indem Sie ihm mehr

Verantwortung übertragen, mehr Status, Geld oder Freiheit genehmigen. Mit anderen Worten, man kann sie belohnen, indem man sie für die ganze Familie kochen lässt, Kleidung tragen lässt, die ihren Freunden imponiert oder indem man ihnen erlaubt, später ins Bett zu gehen.

Was zählt, ist: Verwenden Sie nicht bei jedem Ihrer Kinder dieselben altbekannten Anreize, denn das funktioniert nicht. Sie werden Ihnen dann nicht nur nicht ihr Bestes geben, sondern sie werden nicht bekommen, was sie wirklich brauchen. Sie müssen sich also selbst Gedanken machen, welche Belohnungen bei Ihrem Kind wirken und Mittel und Wege finden, sie anzuwenden. Die Belohnungen, die Sie ihnen anbieten können, werden sich mit zunehmendem Alter Ihrer Kinder ändern, aber wahrscheinlich werden Sie feststellen, dass Ihr besonders freiheitsliebender Zweijähriger auch noch als Teenager besonders freiheitsliebend ist – auch wenn Sie ihn dann nicht mehr mit dem Versprechen locken können, dass er an Ihrer Hand allein die Treppe hinaufgehen darf.

Übrigens, sollten Sie hin und wieder zur Peitsche anstatt zum Zuckerbrot greifen wollen, verhält es sich ähnlich: Ihre Kinder reagieren auf Drohungen und Strafen ganz unterschiedlich. Das eine Kind reagiert gleichgültig, wenn Sie ihm eine Woche lang kein Taschengeld mehr geben, während ein anderes am Boden zerstört ist. Immer geht es dabei um dieselben Prinzipien – um Freiheit, Geld, Status und Anerkennung.

Gehen Sie also bitte nicht davon aus, dass Ihre Kinder einander ähneln – oder gar Ihnen. Manchmal dauert es eine Weile, bis Sie herausfinden, was der richtige Anreiz für sie ist, aber wenn Sie genügend darüber nachdenken und herumexperimentieren, werden Sie immer etwas Passendes finden.

VERWENDEN SIE NICHT BEI JEDEM IHRER KINDER DIESELBEN ALTBEKANNTEN ANREIZE, DENN DAS FUNKTIONIERT NICHT.

14) Verflixt, ich habe leider keine Regel eingefügt mit dem Titel: „Erpressen Sie Ihr Kind nicht emotional." Nennen wir sie einfach Regel Nr. 41a. Überlegen Sie sich selbst, was daran schlecht ist.

REGEL 42

JEDES KIND SOLLTE ETWAS HABEN, WAS ES GUT KANN

Ein Cousin von mir ist in mehrfacher Hinsicht lernbehindert und kann seinen Körper schlecht koordinieren, was es ihm fast unmöglich macht, Kunst oder Sport zu betreiben oder ein Musikinstrument zu spielen. Ehrlich gesagt, war es jahrelang schwer zu sehen, ob er überhaupt irgendeine Begabung hat. Sein Bruder war ein hochbegabter Musiker und hörte für sein Leben gerne Musik, so wurde allmählich klar, dass auch Dan, obwohl er nicht ein Instrument spielen konnte wie sein Bruder, eine hohe musikalische Begabung hatte. Wenn man im Auto eine Musikcassette auflegte, konnte er, nachdem er nur zwei Takte gehört hatte, die ganze erste Zeile des Songs herausschreien. Auch er konnte etwas besser als die meisten anderen – er war in unserem Spiel „Errate das Intro“ schneller als wir. Glücklicherweise sind die meisten Kinder besser dran als dieser Junge – sie haben es im Leben nicht so schwer wie er. Aber das Beispiel zeigt, dass selbst die Kinder, die es besonders schwer haben, gut in etwas Bestimmtem sind – und wenn es „Errate das Intro“ ist –, und das ist gut für ihr Selbstbewusstsein. Wenn Sie wollen, dass sie in dem Gefühl aufwachsen, dass sie etwas Sinnvolles zur Welt beitragen können und stolz darauf sein dürfen, ist das ein wichtiger Anfang. Mit der Zeit werden sie das Selbstvertrauen erlangen, auch andere Dinge herauszufinden, die sie gut können. Manche Kinder können eine Menge Dinge gut, andere nur eines oder zwei, die ihnen aber sehr wichtig sind. Ihre Aufgabe ist, Ausschau zu halten, bis Sie etwas finden, worin sie besonders gut sind und es ihnen auch deutlich zu sagen.

FINDEN SIE HERAUS, WAS SIE BESONDERS GUT KÖNNEN ... ES MUSS NICHTS WISSENSCHAFTLICHES ODER SCHULMÄSSIGES SEIN.

Es muss nichts Wissenschaftliches oder Schulmäßiges sein, wie Musik, Sport oder Kunst, obwohl das auch toll wäre. Vielleicht haben sie ein hervorragendes Gedächtnis und können Sie immer an all das erinnern, was Sie beinahe nicht auf die Einkaufsliste gesetzt hätten. Oder sie sind die besten Organisatoren in Ihrer Familie und halten Ihre DVD-Sammlung in Schuss. Oder sie können prima Makkaroni mit Käsesauce kochen, oder sie sind begabt im Umgang mit Tieren. Sorgen Sie einfach dafür, dass sie wissen, dass hier ihre Stärke liegt und – was beinahe noch wichtiger ist – dass sie wissen, dass Sie es wissen.
Das ist übrigens immer wichtiger, je jünger Ihre Kinder sind. Das älteste Kind ist in der Regel lange Zeit in vielen Dingen besser als seine jüngeren Geschwister. Wenn Sie mehrere Kinder haben, ist es viel schwieriger für die Jüngeren, zu glänzen (ich war erst Nummer 5 und weiß, worüber ich spreche). Sorgen Sie also bitte dafür, dass auch die Kleinen ihre besondere Nische finden.

REGEL 43

LERNEN SIE DIE EIGENSCHAFTEN ZU SCHÄTZEN, DIE SIE AN JEMAND ANDEREN ERINNERN

Als meine Tochter noch jung war, erinnerte sie mich immer an ihre beiden Großmütter. Nun, ich möchte nicht persönlich werden, aber so etwas hatte ich nicht unbedingt beabsichtigt (zumindest nicht beide in einem Mädchen). Als meine Tochter dann älter wurde, erinnerte sie mich sogar noch mehr an ihre beiden Großmütter. Natürlich hatte sie auch manche ihrer guten Seiten geerbt, aber ich bemerkte das gar nicht. Ich sah zunächst nur die Schwächen, und die überdeutlich.

Aber schließlich war sie meine Tochter, und ich liebte sie bedingungslos. So lernte ich auch diejenigen Seiten an ihr zu schätzen, die ich am Anfang nicht so toll fand. Das ist nicht immer leicht, aber man sollte es tun, denn man darf seine Kinder nie für ihre Erbanlagen verantwortlich machen. Wenn überhaupt, lernte ich erst durch meine Tochter ihre Großmütter mehr zu mögen.

Besonders schwer fällt es einem, eine Eigenschaft zu lieben, die einen an die eigene Ex-Partnerin oder den Ex-Partner erinnert. Ob Sie geschieden sind oder in Trennung leben, Ihre Kinder erinnern Sie ständig an Ihre(n) „Ex“, und Sie müssen lernen, auch diese Seite an ihnen zu lieben, auch wenn Sie sie beim früheren Partner ganz und gar nicht mögen.

Ich habe nicht für alle Probleme eine Antwort parat, und diese Aufgabe ist ziemlich schwer. Aber ich kann Ihnen verraten, was mir dabei hilft. Ich weiß heute, dass es keine einzige schlechte Eigenschaft gibt; wichtig ist nur, wie die Menschen ihre natürlichen Merkmale nutzen. Ich kenne ein Kind, das war unglaublich stur – ich meine, mehr als normal. Aus dem Mädchen wurde eine erwachsene Frau, und sie wurde aus gutem Grund politische Aktivistin. Man muss unglaublich stur sein und über eine gewaltige Entschlusskraft verfügen, wenn man wichtige Veränderungen gegenüber Politikern durchsetzen will, denen anscheinend alles egal ist. Mittlerweile ist diese Frau privat sanfter geworden und hat heute sehr viel Charme. Ist Sturheit eine schlechte Charaktereigenschaft? Nicht in diesem Fall.

ES GIBT KEINE SCHLECHTEN CHARAKTEREIGENSCHAFTEN.

Nur weil Ihr Kind Sie an Ihre Mutter, Ihren Vater oder die Großtante Betty erinnert, muss es deren übernommene Eigenschaften ja nicht in ähnlicher Weise nutzen wie sie. Sie sollten es ihm deshalb auf keinen Fall verübeln. Sie wissen, was Sie zu tun haben? Ihnen die Wertmaßstäbe mitgeben, die dafür sorgen, dass sie einen klugen Gebrauch von ihren natürlichen Gaben machen können.

REGEL 44

SUCHEN SIE NACH ÄHNLICHKEITEN ZWISCHEN IHNEN UND IHREM KIND

Bei manchen Kindern können Sie gleich zur nächsten Regel übergehen. Manche Kinder erinnern Sie ständig an Sie selbst, und da ist es schwierig, sich immer wieder bewusst zu machen, dass sie deshalb noch lange nicht so denken müssen wie Sie.

Bei anderen Kindern ist das Gegenteil der Fall. Sie sehen sie an und fragen sich insgeheim, ob sie wirklich von Ihnen abstammen. Sie scheinen nichts gemeinsam zu haben, und Sie haben keine Ahnung, wie sie denken. Sie benehmen sich so, dass es Ihnen ein Gräuel ist. Warum bricht jemand in Tränen aus, sobald Sie ärgerlich werden, fragen Sie sich, anstatt eine patzige Antwort zu geben? Wie kann das Kind mit Nacktschnecken und Spinnen spielen, wo Sie doch beim bloßen Gedanken an dieses Getier eine Gänsehaut kriegen?

Natürlich gibt es keinen Grund dafür, dieses Kind nicht genauso zu mögen, zu bewundern und zu lieben wie jedes andere Ihrer Kinder. Aber manchmal gibt es Momente, da fühlen Sie sich wie ein Beobachter von außen. Dabei kann es Ihnen sehr schwer fallen, die emotionaleren Momente des Kindes zu verstehen, wenn Sie sie nicht so richtig nachempfinden können. Ihr Kind könnte das spüren und eine gewisse Distanz zu Ihnen aufbauen. Vielleicht kann Ihre Partnerin oder Ihr Partner dagegen besser mit dem Kind umgehen als Sie, weil sie/er sich besser mit

ihm identifizieren kann, aber das vertieft die Kluft zwischen Ihnen beiden womöglich noch.
Ich weiß, wie Sie sich jetzt fühlen. Mir selbst ging es auch schon so. Aber 50 Prozent der Erbanlagen des Kindes sind von Ihnen, also muss es auch Merkmale haben, in denen Sie sich wiedererkennen können. Sie müssen diese Merkmale finden, denn wenn Sie es nicht tun, kann Ihr Kind Ihren Mangel an Einfühlungsvermögen als Mangel an Liebe zu ihm auslegen. Vor allem wenn da noch Geschwister sind, wird das Kind unbewusst den Eindruck haben, dass Sie dem anderen Kind, bzw. den anderen Kindern näher stehen. Erschwerend kommt dabei eventuell hinzu, dass das Kind ein anderes Geschlecht hat als Sie.
Jeder, der ein Adoptivkind hat, kann Ihnen bestätigen, wie wichtig diese Regel ist. Die meisten Adoptiveltern arbeiten sehr hart an dieser Frage, denn sie sind intelligent genug, einzusehen, dass es für das Kind lebenswichtig ist, dass sie Übereinstimmungen mit ihm suchen und finden. Aber auch wir können manchmal spüren, wie unterschiedlich wir im Vergleich zu unseren leiblichen Kindern sind, und dann sollten wir dieselben Anstrengungen unternehmen, um besser mit ihnen in Verbindung zu kommen.
Suchen Sie also bitte so lange weiter, bis Sie die Übereinstimmung finden. Natürlich ändern Kinder sich, während sie heranwachsen und manchmal wird ein Kind, mit dem Sie sich zuerst kaum identifizieren konnten, Ihnen mit der Zeit viel ähnlicher. Aber darauf sollten Sie sich nicht einfach verlassen. Suchen Sie nach gemeinsamen Interessen, finden Sie heraus, dass Sie dieselben Bücher mögen oder fragen Sie Ihre Eltern, ob sie nicht irgendwelche Gemeinsamkeiten zwischen Ihnen beiden sehen. Bemühen Sie sich ernsthaft, genügend Zeit zu finden, in der nur Sie beide zusammen sind und schauen Sie, ob Sie nicht wenigstens ähnliche Vorlieben haben, wenn Sie persönlich schon meilenweit voneinander entfernt sind.
Wenn Sie all das tun, wird Ihr Kind sich ebenso geliebt und von Ihnen mit einbezogen fühlen, und das ist das Wesentliche. Und Sie bekommen unter

Umständen noch einen Bonus dazu: Oft sind es die Kinder, die Ihnen am unähnlichsten sind, von denen Sie am meisten lernen können.

50 PROZENT DER ERBANLAGEN DES KINDES SIND VON IHNEN, ALSO MUSS ES AUCH MERKMALE HABEN, IN DENEN SIE SICH WIEDERERKENNEN KÖNNEN.

REGEL 45

FINDEN SIE HERAUS, WAS SIE AN IHREM KIND BEWUNDERN

Das Leben hätte keinen Sinn, wenn wir nicht ständig bereit wären dazuzulernen. Kommen Sie deshalb lieber gleich von Ihrem hohen Ross herunter. Eines der schönsten Dinge am Kindergroßziehen ist doch, dass Sie so viel von Ihren Kindern lernen können.

Es wäre doch langweilig, wenn Ihre Kinder genauso wären wie Sie. Wo bleibt da der Spaß? Erwarten Sie nicht, dass sie so werden wie Sie, das tritt sowieso nicht ein. Sie werden höchstwahrscheinlich auch nicht dieselben Dinge mögen wie Sie. Während Sie leidenschaftlich gern Handball spielen, ist Ihr Kind vielleicht begeisterter Fußballfan. Während Sie selbst gern Kleider tragen, läuft Ihr Kind vielleicht am liebsten in alten, gammeligen Jeans herum. Das ist ganz normal. Sie sind darauf programmiert, sich von Ihnen abzugrenzen, und je älter sie werden, desto mehr tun sie es auch, indem sie sich anders verhalten und andere Interessen als Sie entwickeln.

ES WÄRE DOCH LANGWEILIG, WENN IHRE KINDER GENAUSO WÄREN WIE SIE.

Am besten kommen Sie mit dieser Verschiedenartigkeit Ihrer Kinder zurecht, wenn Sie sie einfach akzeptieren. Anstatt traurig zu sein, dass sie einen anderen Weg einschlagen als Sie, sollten Sie sich lieber über das freuen, was Sie von ihnen lernen können. Ihre Kinder können Ihnen Dinge zeigen, von denen Sie nie gehört haben, über die Sie nie nachgedacht haben – und sie freuen sich riesig, wenn sie Ihnen einmal etwas Neues beibringen können. Sie können Ihnen Fähigkeiten vermitteln, die Sie durch bloßes Lernen niemals hinbekämen, die Sie aber herausfordern können (insbesondere im technischen Bereich). Und, was das Beste ist – sie können sich so benehmen, wie Sie es immer schon mal tun wollten. Situationen, mit denen Sie immer zu kämpfen hatten, können Ihre Kinder unter Umständen mühelos meistern.

Es gibt so vieles, was man an einem Kind bewundern kann, und Ihre Bewunderung wird Ihren Kindern mehr bedeuten als die fast aller anderen Menschen um sie herum (auch wenn sie es nicht immer zugeben). Ich habe ein Kind, das sagt allen Leuten offen und ehrlich seine Meinung, egal ob es ihnen passt oder nicht. Mir selbst kommt das ganz natürlich vor, aber seine Mutter, die immer schon wenig Durchsetzungsvermögen hatte und auf der der Fluch lastet[15], es jedem recht machen zu wollen, selbst denen, die sie nicht mag, bewundert seine Fähigkeit sehr, so offen und selbstbewusst aufzutreten. (Komisch, dass sie es nicht immer so toll findet, wenn ich so bin.)

Ein anderes meiner Kinder ist außergewöhnlich diplomatisch. Nun, auch ich kann diplomatisch sein, wenn ich muss, aber ganz wohl fühle ich mich dann nicht in meiner Haut. Er jedoch ist in dieser Beziehung ein Naturtalent und ich bin oft überrascht über die Taktiken, die er sich einfallen lässt, um mögliche Auseinandersetzungen schon im Vorfeld zu entschärfen. Wenn ich nicht von ihm lernen kann, dann lerne ich wohl nichts mehr, denn er ist das beste Beispiel, das ich kenne und ich habe ihn täglich um mich.

15) Das sind ihre Worte, nicht meine.

REGEL 46

LASSEN SIE ZU, DASS IHR KIND BESSER IST ALS SIE

Eines Tages sah ich im Urlaub einen Vater, der verzweifelt versuchte, seinen jugendlichen Sohn im Tennis zu schlagen. Der Sohn versuchte alles, um zu gewinnen, der Vater jedoch hängte sich noch mehr rein. Er war rot im Gesicht, schnaufte und stöhnte, aber er wollte die Bälle übers Netz kriegen, koste es, was es wolle. Und er schaffte es. Schließlich ging er als Sieger vom Platz. Er sah aus wie aus dem Wasser gezogen, aber er war glücklich. Und sein Sohn? Der war zerknirscht. Ich nehme an, es war nicht das erste Mal so.

Mir tat er leid. Der Vater, meine ich, nicht der Sohn. Denn die momentane Befriedigung, Sieger zu sein, ist nichts im Vergleich zu der länger dauernden Befriedigung, zu sehen, wie sich das eigene Kind freut, wenn es einen besiegen kann. Ich tröstete mich mit der Tatsache, dass es bestimmt nur eine Frage der Zeit war, bis das Ergebnis anders ausfallen würde. Denn der Sohn spielte gut Tennis, und ich wusste, früher oder später, wenn er stärker würde und sein Vater älter, würde seine Zeit kommen.

Sie und ich wissen, dass dieser Vater bestimmt keine Ahnung von den Regeln hatte. Ich habe Ihnen noch nicht gesagt, dass er seinen Sohn nicht einmal zu Bestleistungen ermutigte – so scharf war er darauf, nicht von ihm besiegt zu werden, nehme ich an. Natürlich können Sie nicht zulassen, dass Ihre Kinder Sie andauernd in allen Disziplinen schlagen – das wäre entsetzlich herablassend von Ihnen. Das können Sie tun, wenn sie zwei Jahre alt sind, aber nicht mehr, wenn sie zwölf sind. Aber gelegentlich dürfen sie ruhig eine Partie gewinnen. Sie brauchen dazu nur nicht so übertrieben hart zu kämpfen wie jener Tennis-Papa. Ermutigen Sie sie, auch dann, wenn sie gerade verloren haben: „Warte mal ab. Wenn Deine Rückhand erst so gut ist wie Deine Vorhand, dann habe ich keine Chance mehr."

Wenn Tennis Ihnen nicht so liegt, dann klettern Sie mit ihnen auf Bäume oder gehen Sie schwimmen, backen Sie miteinander Kuchen oder spielen Sie miteinander Klavier – oder ihr liebstes Play-Station-Spiel. Finden Sie etwas, das sie besser können als Sie und tun Sie es zusammen. Das macht viel, viel mehr Spaß als Gewinnen (zumindest, wenn es sich um Ihr eigenes Kind handelt).

Noch eine Bemerkung: Denken Sie, der oben beschriebene Tennis-Papa hat seinem Sohn beigebracht, wie man ein guter Verlierer wird? Ganz und gar nicht! Alles, was er ihm diesbezüglich gezeigt hat, ist, dass man versuchen sollte, nie der Verlierer zu sein. Er hat die Chance vertan, ihm zu zeigen, wie man mit Anmut und Charme verliert, ohne sich dessen schämen zu müssen. Es ist nämlich gar nicht so schlimm, ein Verlierer zu sein – Hauptsache, man ist ein guter Verlierer.

> ES IST NICHT SO SCHLIMM,
> EIN VERLIERER ZU SEIN – HAUPTSACHE,
> MAN IST EIN GUTER VERLIERER.

REGEL 47

DIE EINSTELLUNG IHRES KINDES IST GENAUSO WICHTIG WIE SEINE LEISTUNG

Wann loben Sie Ihr Kind am meisten? Wenn es gut in der Schule war? Wenn es in den Prüfungen gut abgeschnitten hat? Bei sportlichen Rekorden oder musikalischen Glanzleistungen?

Wenn Sie zu den Eltern gehören, die die Regeln befolgen, haben Sie sofort durchschaut, dass diese Frage eine Fangfrage war und dass die richtige Antwort darauf nur lauten kann: In keinem dieser Fälle. Natürlich ist es wichtig, Ihr Kind zum Erreichten zu beglückwünschen. Es ist ihm wichtig, also wäre es sehr enttäuscht, wenn es mitbekäme, dass es Ihnen gleichgültig ist. Aber das, was man an Kindern am meisten loben sollte, ist ihre richtige Einstellung und nicht das, was sie damit erreichen.

Ich kenne ein kleines Mädchen, das sich wirklich sehr anstrengt, sich gut zu benehmen. Das heißt, sie möchte es tun, aber sie ist so voll von Frust und Angst, dass es ihr manchmal einfach nicht gelingt. Zu ihrem persönlichen Leidwesen hat sie eine ältere Schwester, die in allem ein perfektes Vorbild ist. Manchmal vergleichen fremde Leute die beiden Schwestern miteinander und stellen fest, wie viel besser die ältere von beiden ist (zum Glück machen ihre Eltern diesen Fehler nicht). Dann tut mir die Kleine leid, denn ich sehe, wie sehr sie sich bemüht, es ihrer großen Schwester gleich zu tun. Die aber bemüht sich gar nicht, sie braucht es nicht zu tun. Wer von beiden verdient mehr Lob? (Übrigens ist dies, wenn wir uns an

Regel Nr. 32 erinnern, ein hervorragendes Beispiel dafür, dass Zuckerbrot besser ist als die Peitsche. Die Kleine bemüht sich noch viel mehr, sobald die Leute merken, dass sie es gut macht).

Was Sie an Ihrem Kind loben oder wofür Sie es belohnen, sagt viel darüber aus, was Ihnen im Leben wichtig ist. Es hilft ihm dabei, Wertmaßstäbe auszubilden. Wenn Sie immer nur Höchstleistungen, akademische Tüchtigkeit, Siege und Erfolge loben, sagen Sie Ihrem Kind damit: Dies sind die Dinge, die im Leben wirklich zählen (und setzen es unter Druck, entsprechende Leistungen sooft wie möglich zu erbringen). Wenn Sie jedoch Dinge wie Anstrengung, Durchhaltevermögen, Fortschritte, diplomatisches Geschick, Rechtschaffenheit und Ehrlichkeit belohnen, dann wird Ihr Kind mit zunehmendem Alter immer mehr an diese Werte glauben.

WAS SIE AN IHREM KIND LOBEN ODER WOFÜR SIE ES BELOHNEN, SAGT VIEL DARÜBER AUS, WAS IHNEN IM LEBEN WICHTIG IST.

Offensichtlich ist eine gesunde Mischung aus beidem das Beste. Ich sage selbstverständlich nicht, Sie sollten die Errungenschaften Ihres Kindes ignorieren. Ich sage lediglich: Sorgen Sie dafür, dass Sie all das erkennen und anerkennen, wovon Sie wollen, dass es ihnen später etwas bedeutet und denken Sie ein bisschen darüber nach, welche Bedeutung die beiden Wertesysteme für Sie persönlich haben.

REGEL 48

BEHALTEN SIE IHRE ANGST UND UNSICHERHEIT FÜR SICH

Die folgende Szene kennen Sie wahrscheinlich auch. Ich habe sie unzählige Male beobachtet. Sie besuchen einen Zoo oder etwas Ähnliches und stehen im Reptilienhaus. Eine Familie steht vor Ihnen und beobachtet eine wunderschön gezeichnete Schlange, die sich anmutig um einen Ast schlängelt. Die Mutter[16] sagt: „Igitt, wie schrecklich!" Dasselbe kann man im Spinnen-Terrarium und bei den Skorpionen beobachten.

Zum Glück sind einige Kinder vernünftiger und schenken diesem dummen Gerede keinerlei Aufmerksamkeit. (Und die meisten Mütter sind klug genug, so etwas gar nicht erst zu sagen.) Aber es gibt Kinder, die für derlei Botschaften empfänglich sind, und viele Kinder lernen erst dadurch, dass Reptilien und Spinnen etwas Ekliges sind, weil die Erwachsenen dumm genug sind, es ihnen vorzusagen. Dabei sind diese Geschöpfe eigentlich wunderschön und man sollte Kinder lieber dazu anhalten, dies wahrzunehmen oder sich zumindest ihre eigene negative Meinung von den Tieren zu bilden, anstatt ihr Urteil aktiv und negativ zu beeinflussen.

Kinder lassen sich stark von uns beeindrucken. Wenn Sie nicht aufpassen, können Sie Ihrem Kind alle möglichen Sorgen und Bedenken einimpfen. Da sie auch so schon genügend eigene Ängste entwickeln, brauchen sie Ihre nicht noch zusätzlich. Also behalten Sie sie besser für sich.

Eine mir bekannte Mutter, die sich nach den Regeln richtet, hatte sehr große Angst vor Spinnen, sie war nahe an einer Spinnenphobie. Aber weil sie nicht wollte, dass es ihrer kleinen Tochter einmal genauso geht, kam sie, immer wenn eine Spinne im Kinderzimmer war, mit einem Staubwedel herein, fing die arme Kreatur und schüttelte sie über dem Fenster aus. Sie zitterte hinterher innerlich am ganzen Leib, aber das Töchterchen bekam nichts davon mit, weil seine Mutter es so gut vor ihr verbarg. Das ging so lange gut, bis sie eines Tages eine Spinne aus Unachtsamkeit auf den Boden fallen ließ. Sie sah sofort, was passiert war, brachte es aber nicht über sich, nach dem Tier zu suchen. Sie tat so, als sei die Spinne aus dem Fenster gehüpft. Wo die Spinne war, fand sie erst heraus, als das Mädchen die Bettdecke hochhob, um ins Bett zu steigen und die Spinne dort auf es wartete. Huch!

Ich will hier aber nicht nur über Spinnen und Schlangen reden. Ich rede hier auch über andere Ängste, zum Beispiel die Angst davor, gewaltsam entführt zu werden. Natürlich wollen Sie, dass Ihre Kinder ein gesundes Misstrauen entwickeln, aber keine riesengroßen Ängste, die größer sind als die Wahrscheinlichkeit, dass so ein Ereignis wirklich eintritt. Das könnte ihr soziales Leben unnötig belasten. Ein anderes Beispiel ist die Angst vor dem sozialen Scheitern. Ich kenne einen Vater, der seine Kinder davon abhielt, sich für ein Universitätsstudium zu bewerben, weil sie sich so davor fürchteten, nicht genommen zu werden, dass sie es gar nicht erst versuchten.

Es kann schwierig sein, sich etwas zu verkneifen und es kann sein, dass Ihre Kinder auch so Ihre versteckten Signale auffangen. Aber je mehr Sie sich bemühen, Ihre persönlichen Ängste zurückzuhalten, umso größer ist die Wahrscheinlichkeit, dass es Ihnen gelingt. Das befreit Ihre Kinder, sodass sie ihr Leben genießen und ihre eigenen Erfahrungen machen können – und dass sie ihre eigenen Unsicherheiten entdecken können, und das ohne Ihr Zutun.

DA SIE AUCH SO SCHON GENÜGEND EIGENE ÄNGSTE ENTWICKELN, BRAUCHEN SIE IHRE NICHT NOCH ZUSÄTZLICH.

16) Ich habe lange darüber nachgedacht, ob ich das Folgende sagen soll, weil es so sexistisch klingt, aber es ist nun einmal so: Meistens ist es die Mutter, die das sagt.

REGEL 49

ACHTEN SIE AUF IHRE PROGRAMMIERUNG

Der Vater eines meiner Schulkameraden wurde schon im Alter von 30 Jahren vorzeitig grau. Aus irgendeinem Grund störte ihn das sehr, und er sagte immer wieder, wie schrecklich er es fand, schon in so jungen Jahren graue Haare zu haben. Sie können sich wahrscheinlich schon denken, wie die Geschichte weitergeht: Richtig, auch sein Sohn bekam schon mit 30 Jahren graue Haare. Und da man ihm in seiner Kindheit jahrelang erzählt hatte, wie schlimm und wie peinlich das sei, war er natürlich auch alles andere als glücklich damit. Sein Vater versuchte, es ihm auszureden, aber natürlich bewirkte er damit nicht viel – man kann nicht einem Menschen 25 Jahre lang erzählen, dass etwas schrecklich ist und dann plötzlich die 180-Grad-Kertwende machen und meinen, er müsse das jetzt auch so sehen.

Was an sich mögen Sie nicht? Sind Sie fett (ich meine, Ihrer Ansicht nach)? Kahlköpfig? Haben Sie eine hässliche Nase? Schwache Knie? Stottern Sie? Wenn ja, behalten Sie es bitte für sich. Solange Sie es gar nicht groß erwähnen, werden Ihre Kinder keinen Grund haben, es negativ zu bewerten. Was auch immer Sie jetzt über sich selbst sagen, es wird noch in 20 oder 30 Jahren in ihren Köpfen widerhallen.

WAS AUCH IMMER SIE JETZT ÜBER SICH SELBST SAGEN, ES WIRD NOCH IN 20 ODER 30 JAHREN IN IHREN KÖPFEN WIDERHALLEN.

Nehmen wir einmal an, der Vater meines Klassenkameraden hätte seine grauen Haare mit Stolz getragen (oder zumindest so getan als ob). Nehmen wir an, er hätte scherzhaft zu seinem Sohn gesagt: „Ich finde, meine grauen Haare machen mich ziemlich seriös, findest Du nicht?" Dann hätte der Sohn, als der grau wurde, ein völlig anderes Bild von sich selbst bekommen.
Wir sollten einander nie in Gegenwart der Kinder kritisieren (auch nicht außer Hörweite der Kinder), aber natürlich gilt hier dasselbe. Necken Sie Ihre Partnerin nicht, weil sie eine Brille trägt, nennen Sie Ihren Partner nicht „Glatzkopf", auch nicht in noch so zärtlichem Ton und fragen Sie ihn nicht, ob er schon wieder zugenommen hat. Sie programmieren damit Ihre Kinder unbewusst und werden den Schaden erst bemerken, wenn es schon zu spät ist. Ihre Kinder können Sie 30 Jahre später nicht mehr vom Gegenteil überzeugen, und wenn Sie hundertmal sagen: „Aber mein Lieber, Dich hab' ich doch nicht gemeint. Mit Deiner Glatze siehst Du viel besser aus als ich!"
Wenn Sie wissen, dass Ihr Kind vermutlich ein bestimmtes Körpermerkmal von Ihnen erbt, ist es besser, Sie stellen es in seiner Gegenwart positiv dar. Sagen Sie Ihrer Partnerin, wie intelligent sie mit ihrer Brille aussieht oder erwähnen Sie, wie vorteilhaft es ist, eine groß gewachsene Frau zu sein und lassen Sie die Nachteile weg. Wer weiß – vielleicht schaffen Sie es sogar, sich selbst davon zu überzeugen.

REGEL 50

IHR KIND MUSS NICHT PERFEKT SEIN

In Regel Nr. 2 ging es darum, dass Sie selbst nicht perfekt zu sein brauchen. Jetzt geht es um Ihr Kind. Wenn Sie krampfhaft versuchen, ein perfektes Kind zu bekommen, werden Sie zwangsläufig scheitern. So setzen Sie Ihr Kind nur unfairerweise unter Druck, und wie wir als Eltern, die die Regeln befolgen, inzwischen wissen, ist es nur zu einfach, seine Kinder unter Druck zu setzen – und schlecht ist es obendrein.
Wer will schon ein perfektes Kind haben? Was ist das überhaupt, ein perfektes Kind? Ich kann es mir gar nicht richtig vorstellen. Jedes Kind, das ich kennengelernt habe, das sich immer tadellos benahm und sich nie die kleinste Kleinigkeit zuschulden kommen ließ, um seinen Eltern und Lehrern zu gefallen, jedes Kind, das in der Schule hart arbeitete und seine Hausaufgaben immer rechtzeitig und meist richtig ablieferte, war der charakterloseste kleine Pedant, den man sich nur vorstellen kann – und unendlich langweilig.
Alle Kinder, die ich immer schon am meisten mochte, diejenigen, die später die großzügigsten und warmherzigsten Menschen wurden, hatten ihre wunderbaren Fehler und Macken. Sie alle waren Schlitzohren, konnten auf die Palme gehen, wenn man sie ärgerte, hatten einen Sinn für Humor, der manchmal übers Ziel hinausschoss oder waren kleine Faulpelze (was sie manchmal mit ihrem natürlichen Charme wettmachten).
Über die Jahre hinweg habe ich unzählige tolle Kinder kennengelernt, die sich zu sehr netten Erwachsenen entwickelten, aber ich könnte – Hand

aufs Herz – nicht behaupten, dass auch nur eines von ihnen perfekt war. Und das ist gut so.

Kinder sollten keine kleinen Erwachsenen sein. Sie dürfen ruhig noch all die Macken, Ecken und Kanten haben, die einem beim Erwachsenwerden ausgetrieben werden. Wenn sie mit zehn Jahren schon perfekt wären, könnte man sie ja gleich in eine Handelsbank setzen. Damit würden Sie aber den Sinn und Zweck ihrer Jugendjahre sabotieren. Die Kinderzeit ist dazu da, Kind sein zu dürfen, und ich persönlich finde, dass sich Kinder dann am besten entwickeln, wenn sie nicht alle ihre früheren Marotten ablegen. Wer möchte ein erwachsenes „Kind" haben, dessen Augen nie spitzbübisch aufblitzen oder eines, das nie impulsiv handelt, nie verrückte Scherze treibt oder ein kleiner wilder Abenteurer ist?

Das einzige Ziel, das man bei der Kindererziehung sinnvollerweise verfolgen sollte, ist, ein Kind hervorzubringen, das seine persönlichen Eigenheiten selbstbewusst zeigen darf, solange es anderen Menschen dabei nicht schadet. Mehr kann man nicht verlangen. Und das ist gottlob bei sehr vielen Kindern der Fall. Und doch ist keines von ihnen perfekt, da bin ich mir sicher.

ALLE KINDER, DIE ICH IMMER SCHON AM MEISTEN MOCHTE, DIEJENIGEN, DIE SPÄTER DIE GROSSZÜGIGSTEN UND WARMHERZIGSTEN MENSCHEN WURDEN, HATTEN IHRE WUNDERBAREN FEHLER UND MACKEN.

REGELN FÜR DEN UMGANG IHRER KINDER UNTEREINANDER

S

Sollten Sie mehr als ein Kind haben, ist Ihnen bestimmt bereits klar geworden, dass mehrere Kinder eine ganz neue Dynamik in die Sache bringen, für die man ein paar spezielle Regeln braucht. Eines Tages, vor einigen Jahrzehnten, wurde ein Bekannter von mir, Direktor einer Knabenschule, von einem Bauern aus seinem Ort gefragt, ob er ihm einen seiner Schüler für die Farmarbeit ausleihen könnte. Der Schulleiter antwortete, er sei sicher, er könne mehr als einen freiwilligen Helfer stellen, falls nötig. Da antwortete der Bauer: „Nein danke. Ein Junge ist ein Junge, zwei Jungs sind nur so viel wert wie ein halber und drei Jungs kann ich zu nichts mehr gebrauchen."

Wahrscheinlich hätte der Mann etwas Ähnliches über Mädchen gesagt, wenn man ihn gefragt hätte. Tatsache ist jedenfalls: Je mehr Kinder man hat, umso schwieriger wird es, sie alle im Zaum zu halten. Das liegt nicht nur an der Anzahl, sondern an den wechselseitigen Beziehungen zwischen ihnen. In diesem Abschnitt geht es also um die wichtigsten Regeln, die Sie beachten sollten, wenn Sie zwei oder mehr Kinder haben. Dabei versteht es sich von selbst, dass diese Regeln genauso für Stiefschwestern und Stiefbrüder gelten wie für die leiblichen.

REGEL 51

GÖNNEN SIE IHNEN VIEL ZEIT MITEINANDER

Ich würde sagen, dies ist die wichtigste Geschwisterregel von allen und daher die Regel, die über allen anderen dieses Abschnittes steht. Passen Sie also bitte gut auf. Das Wichtigste, was Sie für Ihre Kinder tun können, ist, dafür zu sorgen, dass sie ein möglichst gutes Verhältnis zueinander bekommen.

Es gibt viele Arten, Geschwister miteinander aufzuziehen, von absichtlicher Trennung bis hin zum bewussten Knüpfen enger Bande unter ihnen. Wenn Sie Letzteres anstreben, werden Ihre Kinder aller Wahrscheinlichkeit nach einmal enge Freunde werden und es ein Leben lang bleiben. Und wenn sie erst erwachsen sind, werden sie ihre Geschwister, mit denen sie auf gleicher Stufe stehen, ebenso sehr brauchen wie ihre Eltern, mit denen sie nicht auf gleicher Stufe stehen (womit ich nicht sagen möchte, dass wir Eltern etwas Besseres sind als sie, aber die Beziehung ist nicht dieselbe und sollte es auch nicht sein – bevor Sie jetzt mit mir zu diskutieren anfangen, schauen Sie doch mal in Regel Nr. 94). Außerdem werden – aller Wahrscheinlichkeit nach und hoffentlich – ihre Geschwister noch lange nach ihren Eltern am Leben sein und eine Rolle in ihrem Leben spielen.

Ich kenne Familien, deren Mitglieder sind über den ganzen Erdball verteilt, aber wenn eines der Geschwister in Not ist, weiß es, dass es sich auf seine Geschwister blind verlassen kann, auch wenn sie auf einem anderen Kontinent leben. Wenn Sie das für Ihre Kinder erreichen wollen – und als Eltern, die die Regeln beachten, wollen Sie es bestimmt –, dann müssen Sie schon jetzt die Vorbereitungen dafür treffen.

Es gibt viele Möglichkeiten, Ihre Kinder zusammenzuschweißen. So können Sie etwa von Anfang an das Petzen unterbinden, indem Sie sagen: „Na, und wenn schon, dann hat sie eben den Wasserhahn stundenlang laufen lassen – aber Du weißt doch, Du sollst Deine Schwester nicht verpetzen. Das ist nicht nett." Damit senden Sie eine klare Botschaft aus, dass Sie wollen, dass sie einander verstehen und zusammenhalten.
Ermutigen Sie sie auch, einander zu helfen: „Ich bin nicht so gut in Mathe. Vielleicht kann Dein Bruder die Hausaufgaben mit Dir machen." Wenn sie brav sind, können Sie sie alle miteinander belohnen – zum Beispiel, indem jeder von ihnen einmal für alle das Mittagessen kochen oder abwechselnd den Hund ausführen darf. Rufen Sie sie alle zusammen, beim Essen oder im Auto oder so, und erklären Sie ihnen, was los ist: „Oma und Opa kommen am Wochenende zu Besuch …" Und wenn sie schon älter sind, beteiligen Sie sie an wichtigen Entscheidungen, etwa, wohin die nächste Urlaubsreise gehen soll oder in welcher Farbe Sie das Badezimmer neu streichen lassen wollen. Wichtig ist auch, dass Sie Ihr Bestes tun, um alle Ansätze von Rivalität und Eifersucht unter Ihren Kindern im Keim zu ersticken. Mehr darüber später, vor allem in Regel Nr. 56.
Hier ist etwas anderes, das jede Gruppe von Menschen, egal ob Geschwister oder nicht, zusammenbringt: Wenn sie sich gegen einen gemeinsamen Gegner zusammentun können. Welchen Gegner? Natürlich Sie. Nichts verbindet Geschwister fester miteinander, als wenn sie über ihre Eltern schimpfen können. Dann ist jedes kleinliche Hickhack unter ihnen schnell vergessen, und sie sind sich wieder einig. Denken Sie das nächste Mal daran, wenn Sie eine Entscheidung treffen, die keines Ihrer Kinder gut findet: Sie können auch damit dazu beitragen, Bande zwischen ihnen zu knüpfen, die ein Leben lang halten.

NICHTS VERBINDET GESCHWISTER FESTER MITEINANDER, ALS WENN SIE ÜBER IHRE ELTERN SCHIMPFEN KÖNNEN.

REGEL 52

STREITEN IST GESUND (WENN ES IM RAHMEN BLEIBT)

Wenn Sie mehr als ein Kind haben – und sofern es keine Zwillinge sind, können Sie ja nicht sagen, Sie hätten das nicht gewollt –, ist Ihnen das Geräusch zankender Stimmen wohlvertraut. Einige Geschwister streiten sich häufiger, andere seltener, aber alle tun es. Das Frustrierende daran ist auch, dass es oft so sinnlos ist, weil es mal wieder nur ums Rechthaben geht, nicht wahr?

Ist es wirklich so wichtig, wem dieses Computerspiel gehört? Oder wer die cooleren Schuhe anhat? Oder wer als Erster durch die Haustür gehen darf (doch, meine Kinder haben sich tatsächlich wild darum gestritten)? Nun, die Antwort lautet ganz kurz: Nein! Jedenfalls nicht für uns Eltern.

Aber wichtig ist, dass unsere Kinder lernen zu streiten. Warum? Weil sie erst einmal lernen müssen, wie man sich richtig streitet, sonst können sie auch nicht lernen, wie man sich nicht streitet. Und wir wollen doch, dass sie so aufwachsen, dass sie sich nicht ständig streiten müssen. Ist Ihnen schon mal aufgefallen, dass Einzelkinder (vielleicht sind Sie ja selbst eines) als Erwachsene Konflikten oft aus dem Weg gehen? Sie müssen immer dagegen angehen, immer gleich aggressiv zu werden oder – im anderen Extremfall – sich nicht unterbuttern zu lassen. Die meisten geborenen Diplomaten hingegen, die ich im Laufe meines Lebens kennengelernt habe, hatten Geschwister.

Die einzige Möglichkeit, um zu lernen, wie man diplomatisch vorgeht, Kompromisse schließt und all die Dinge beherrscht, die kleine Kinder (und viel zu viele Erwachsene) noch nicht so gut können, ist, miteinander zu streiten. Streiten zeigt einem, wie man andere Menschen dazu bringt, mit einem zusammenzuarbeiten – oder eben nicht. Mit den Jahren lernen alle Kinder, dass ihr Bruder weniger zuvorkommend ist, wenn sie ihm ins Gesicht hauen oder dass ihre Schwester sie nicht mehr in ihr Zimmer lässt, wenn sie nicht auch in ihr Zimmer darf. Es ist viel schwieriger für sie, das alles durch Streiten mit ihren Freunden herauszufinden, denn dann kann es leicht passieren, dass sie eines schönen Tages ohne Freunde dastehen. Geschwister können nicht einfach zu einem sagen: „Wenn Du nicht mehr mit mir spielst, bin ich nicht mehr Dein Bruder." Sie verzeihen einem immer wieder, wenn auch vielleicht nur, weil sie keine andere Wahl haben.

STREITEN ZEIGT EINEM, WIE MAN ANDERE MENSCHEN DAZU BRINGT, MIT EINEM ZUSAMMENZUARBEITEN – ODER EBEN NICHT.

Bei Streitigkeiten unter Geschwistern geht es oft um Macht. Hier wird die Hackordnung (der Status) ermittelt, festgelegt, wem was gehört (Abgrenzung des Territoriums) oder wer schon allein Entscheidungen treffen darf (Unabhängigkeit). Sie sollten sich in diese grundlegenden Angelegenheiten nicht einmischen (außer, Sie schlichten, wenn die Kontrahenten handgreiflich werden), denn Sie können den natürlichen Charakter Ihrer Kinder nicht ändern, nur um zu versuchen, Gerechtigkeit herzustellen. Sehen Sie sich die Geschehnisse auf dem Balkan, im Nahen Osten oder in Vietnam an – es funktioniert einfach nicht, wenn man versucht, für andere zu entscheiden, was deren Sache ist. Und, glauben Sie mir, manchmal können Kinder, die sich zanken, ebenso nervig sein wie diese Krieg führenden Völker.
Seien Sie also nächstes Mal, wenn Ihre Kinder wieder miteinander streiten (lange wird's bis dahin nicht dauern), froh und glücklich. Okay, ich gebe zu, das ist vielleicht ein bisschen viel verlangt, aber machen Sie sich zumindest keine Vorwürfe, Sie hätten etwas falsch gemacht und versuchen

Sie nicht, die Streiterei zu unterbinden. Denn sie streiten zwar – aber nicht nur um des Streitens willen, sondern auch, um wesentliche lebenspraktische Fähigkeiten zu erlernen.

REGEL 53

BRINGEN SIE IHNEN BEI, IHRE EIGENEN ARGUMENTE ZU VERTRETEN

Mit der letzten Regel hatten Sie nicht viel Mühe. Sie hatten nichts zu tun, brauchten sich nur zurückzulehnen und zu entspannen. Diese Regel ist schon ein bisschen anspruchsvoller, aber sie folgt direkt aus der vorhergehenden. Wenn Sie erst einmal gelernt haben zu akzeptieren, dass Streiten ein notwendiges Übel ist – weil man unter anderem nur so lernt, Kompromisse zu schließen und zusammenzuarbeiten –, müssen Sie als Nächstes akzeptieren, dass es nur dann funktioniert, wenn Sie die Kinder ihre Interessenkonflikte allein austragen lassen. Wenn nicht, lernen sie dabei nur, dass sie nur lange genug zu schreien und zuzuhauen brauchen, bis ein Erwachsener herbeieilt und den Konflikt für sie löst. Später, wenn sie das Elternhaus verlassen, werden sie sehr enttäuscht feststellen, dass jetzt kein Erwachsener mehr vorbeikommt und all ihre Streitigkeiten für sie schlichtet.

WENN SIE ERST EINMAL GELERNT HABEN ZU AKZEPTIEREN, DASS STREITEN EIN NOTWENDIGES ÜBEL IST, MÜSSEN SIE ALS NÄCHSTES AKZEPTIEREN, DASS ES NUR DANN FUNKTIONIERT, WENN SIE DIE KINDER IHRE INTERESSENKONFLIKTE ALLEIN AUSTRAGEN LASSEN.

Leider wachsen viele Kinder so auf. Vor vielen Jahren war ich auf einer Fortbildung. Dort bat man eine Gruppe von Managern, aus seltsam geformten Bauklötzen einen Turm zu bauen. Es war beängstigend, wie schnell das Ganze zu einem Wettbewerb im Einander-Anbrüllen eskalierte. Das entbehrte nicht einer gewissen Ironie, ging es doch eigentlich darum, herauszufinden, wie gut wir zusammenarbeiten konnten. Das war das Entscheidende, nicht die Frage, ob und wie lange der Turm stehen bleiben würde.

Es führt kein Weg darum herum: Wenn Sie wollen, dass Ihre Kinder Übungen und Prüfungen jeder Art erfolgreich bestehen, ganz zu schweigen vom Leben insgesamt, beißen Sie sich auf die Zunge und finden Sie sich mit dem Gekeife und den Streitereien ab. Wissen Sie, was das Komische ist? Sobald Ihnen das gelingt, dauert es nicht lange und die meisten Auseinandersetzungen werden auch ohne Ihr Zutun geschlichtet.

Natürlich kennen wir alle die Tage, an denen wir nicht die Zeit haben oder nicht die Geduld aufbringen, abzuwarten, bis die Kinder ihre Probleme selbst gelöst haben. Wenn das der Fall ist, dann gehen Sie wenigstens ein bisschen kreativ vor, sodass Sie dazwischen gehen und sie sich trotzdem selbst miteinander einigen müssen. Sie können ihnen zum Beispiel das Spielzeug wegnehmen, um das sie sich gerade gestritten haben, oder Sie stellen den Fernseher oder den Computer aus und sagen: „Ihr bekommt das Ding erst wieder, wenn Ihr Euch miteinander auf eine Lösung geeinigt habt!"

Ich kenne ein Paar, das mit seinen Kindern einen ganz bestimmten Trick anwendet. Er funktioniert besonders gut, weil alle Jungen sind (die sowieso immer gern miteinander in einen Wettstreit treten). Sie halten etwas ab, was sie einen „Wettstreit um Ehrlichkeit" nennen. Das klappt besonders gut bei Auseinandersetzungen, bei denen niemand mehr weiß, wer zuerst angefangen hat. Sie sagen einfach: „Okay, Leute, wir machen jetzt einen Wettbewerb, wer von Euch am ehrlichsten ist." (Etwas, was speziell die Jungen jedesmal gut finden.) Dann fragen Sie reihum jeden Jungen: „Was hast Du getan, das Du nicht tun sollst?" Die Regel dabei ist, dass sie nicht auf etwas anspielen dürfen, was ein anderer (angeblich) getan hat. Die Kinder geben alles Mögliche zu und bitten darum, dass noch 137 weitere Verstöße berücksichtigt werden, bloß um die Chance zu haben, den Wettstreit zu gewinnen. Am Ende der Geständnisrunde bitten Sie jeden von ihnen, sich für all das, was er da zugegeben hat, zu entschuldigen und entlassen sie damit zum Spielen. So lernen sie zu verstehen, dass man immer mindestens zwei Leute zum Streiten braucht – und Sie fühlen sich dabei auch besser.

REGEL 54

ARBEITEN SIE IM TEAM ZUSAMMEN

In dieser Regel geht es nicht um Sie und Ihre(n) Partner(in), obwohl auch Sie beide natürlich als Team zusammenarbeiten sollten. Aber da dieser Abschnitt den Regeln zum Umgang der Geschwister untereinander gilt, geht es hier darum, wie man als ganze Familie an einem Strang zieht. Dazu gehört, dass Sie den Zusammenhalt unter Ihren Kindern stärken.

Als Team zusammenarbeiten – das kann bedeuten, dass alle zugleich mit anpacken oder dass jeder etwas anderes tut, um seinen Beitrag zum Ganzen zu leisten. Es ist nicht so wichtig, welches der beiden Modelle Sie praktizieren – wichtig ist nur, dass Ihre Kinder spüren, dass die Sache nur durch die gesamte Mannschaft erreicht werden konnte.

Wir haben in unserem Haushalt die Regel aufgestellt, dass nach jeder Mahlzeit jeder mithilft, sauber zu machen, bis die Küche wieder in Ordnung ist. Dann kann jeder seiner Wege gehen. Unsere Kinder sind es gewohnt und packen alle mit an. Der eine füllt den Geschirrspüler, der andere stellt die Butter zurück in den Kühlschrank oder leert Abfälle in den Komposteimer oder in den Hundenapf. Dass es eine Gemeinschaftsarbeit ist, von der Erwachsene nicht ausgenommen sind, bedeutet, dass jeder etwas davon hat, wenn er seinen Teil möglichst schnell erledigt, und das hat jeder von ihnen schnell verstanden. Oft sagt ein Kind zu anderen: „Komm, ich übernehme das für Dich, wenn Du dafür das Geschirr stapelst", denn sie verstehen, dass diese Arbeitsteilung in ihrem eigenen Interesse liegt.

Es gibt viele Möglichkeiten, im Team zusammenzuarbeiten. So könnten Sie Ihre Kinder auch abwechselnd die Küche sauber machen lassen, aber Sie versäumen dabei die Chance, sie als Team zusammenarbeiten zu lassen.
Freunde von uns haben eine gute Mannschaftsübung eingeführt, die wir übernommen haben. Wenn sie alle miteinander einen Tag lang an den Strand gehen wollen, helfen die Kinder mit, alles herbeizuschaffen, was mitgenommen werden soll. Ein Kind holt die Handtücher für alle, ein anderes die Surfbretter, ein drittes schmiert die Brote fürs Strandpicknick. Jeder erledigt seine eigene Aufgabe, aber alle arbeiten sie an demselben Ziel, nämlich, sobald wie möglich miteinander an den Strand fahren zu können.
Krisen sind die beste Chance für Teamarbeit, und je mehr Spaß sie macht, umso besser ist es. Als ich noch ein Kind war, hatten wir einen Abfluss, der ein- bis zweimal im Jahr mit schöner Regelmäßigkeit verstopfte, immer wenn es heftig geregnet hatte, und das Wasser drohte dann in die Garage zu laufen, wo wir verschiedene Dinge lagerten, die nicht nass werden durften, zum Beispiel einen Kühlschrank. Sobald wir merkten, dass uns wieder eine solche Überflutung drohte, gingen wir alle hinaus in den Regen – oft im Pyjama, mit Mantel und Gummistiefeln – und schippten das Wasser mit Besen weg, während einer von uns den Abfluss von dem vielen Laub reinigte. So arbeiteten wir alle ungefähr eine halbe Stunde, bis das Wasser wieder ablaufen konnte. Wir lachten und scherzten dabei. Anschließend gingen wir triefend nass in die Küche zurück und tranken miteinander einen heißen Kakao, und obwohl wir nicht so sentimental waren, es uns mit Worten einzugestehen, freuten wir uns über den Mannschaftsgeist, den wir gezeigt hatten und der uns als Familie zusammenschweißte.

KRISEN SIND DIE BESTE CHANCE FÜR TEAMARBEIT.

REGEL 55

LASSEN SIE SIE MITEINANDER SPASS HABEN

Jeder Elternteil, der sein Kind allein erziehen muss, weiß, dass es oft eine ziemlich harte Arbeit sein kann. Sie müssen der Unterhalter, der beste Freund und Spielkamerad Ihres Kindes sein und Vater oder Mutter obendrein. Warum? Weil meist kein anderer da ist, um diese Aufgaben zu erfüllen.

Wenn Sie aber mehr als ein Kind haben, können die Kinder diese Rollen auch für einander ausüben. Sie sind dann nur noch Vater oder Mutter (und können hoffentlich gelegentlich einmal die Füße hochlegen und in Ruhe Zeitung lesen). Sie sind deswegen kein Drückeberger, ganz im Gegenteil.

Es ist viel besser, wenn Sie Ihre Kinder sich selbst beschäftigen lassen, als dass Sie sie die ganze Zeit über beschäftigen. Natürlich bedeutet das nicht, dass Sie nie mit ihnen spielen dürfen, aber das geschieht leider nur selten auf Augenhöhe. Meistens ist es doch so, dass Sie mehr Ideen haben als sie oder zumindest versuchen, ihre eigenen Ideen in eine bestimmte Richtung zu lenken. Und wenn Sie das nicht tun, lassen Sie ihnen ihren eigenen Willen, ohne dass sie lernen, Kompromisse zu schließen. Wie auch immer – bei dem Spiel können Sie nicht gewinnen.

Geschwister hingegen können miteinander auf gleicher Augenhöhe spielen. Sicher kann es sein, dass ein Kind das dominantere von beiden ist und das andere öfter nachgeben muss (je mehr Geschwister es sind, umso komplizierter wird die Sache), aber das sollten Sie ihnen lieber selbst überlassen. Sie können ihren natürlichen Charakter nicht ändern, und wahrscheinlich werden Sie später, wenn sie groß sind, feststellen, dass dasjenige Kind, das immer zugunsten anderer verzichtete, der bessere Diplomat und Mannschaftsspieler ist. Fühlen Sie sich also lieber nicht dazu berufen, sich einzumischen und irgendeine Art von Gleichgewicht wiederherzustellen. Es ist ihre eigene Angelegenheit, und die müssen sie selbst regeln, auch wenn es nicht ohne Streit und Tränen abgeht.

> ES IST IHRE EIGENE ANGELEGENHEIT, UND DIE MÜSSEN SIE SELBST REGELN, AUCH WENN ES NICHT OHNE STREIT UND TRÄNEN ABGEHT.

Manchmal ist es so, dass ein Kind mit seinem Geschwisterchen spielen will, während dieses lieber in Ruhe gelassen werden möchte. Da Sie kein weiteres Kind haben, um das Problem zu lösen (was möglich wäre, sofern der Altersunterschied nicht zu groß ist), ist auch das eine Sache, die Sie sie lieber unter sich ausmachen lassen sollten. Sie werden sehen, sie finden schon irgendeinen Kompromiss – der Eigenbrötler wird ein bisschen geselliger, und der Geselligere wird lernen, sich gut allein zu beschäftigen. Und das ist bestimmt nicht schlecht, oder?
Also fühlen Sie sich bitte nicht schuldig, wenn Sie mal in Ruhe bei einer Tasse Tee die Zeitung lesen[17], denn Sie tun Ihren Kindern damit nur Gutes. Sie bringen ihnen bei, sich selbst zu beschäftigen.

17) Ich weiß, ich weiß, zuvor müssen Sie noch waschkörbeweise Wäsche waschen, und die Küche ist noch nicht sauber, Staubsaugen müssen Sie auch noch, und Essen kochen …

REGEL 56

VERGLEICHEN SIE IHRE KINDER NIE MITEINANDER

Ich kenne ein Ehepaar mit zwei Kindern, von denen – wie so oft – eines überwiegend sehr brav und das andere meist ziemlich schwierig ist. Das ist zum Teil auch die Schuld der Eltern. Warum? Weil sie tatsächlich zu dem schwierigen Kind[18] sagen: „Warum kannst Du nicht so nett sein wie Deine Schwester?" Wenn das keine Provokation für ein Kind ist, ähnlich wie das rote Tuch für einen Stier, dann weiß ich nicht, was eine sein soll.

Ihre Kinder können keine gute Beziehung zueinander entwickeln, wenn Sie Eifersüchteleien und Rivalitäten unter ihnen zulassen. Sagen Sie also nie zu einem Ihrer Kinder, es sei besser als die anderen im Sport, oder weniger klug, weniger witzig und weniger begabt als seine Geschwister. Das bedeutet nicht, dass Sie so tun müssen, als seien alle Ihre Kinder in allem gleich gut. Das wäre dumm. Aber Sie brauchen etwaige Ungleichheiten, die den Kindern selbst nicht so auffallen, nicht zu betonen und nicht jede ihrer Fähigkeiten im Vergleich zu denen der anderen zu kommentieren.

Das ist das Wichtige daran: Sie können zu Ihrem Kind sagen: „Du kannst toll zeichnen!", ohne gleich zu sagen: „Du kannst viel besser zeichnen als Dein Bruder!" Warum auf dem armen Bruder herumhacken? Der ist in diesem Zusammenhang genauso unwichtig wie, ob das Kind besser zeichnen kann als Lieschen Müller, nicht wahr? Aber es gibt Ihren Kindern das Gefühl, Sie würden sie eher wie eine Schulklasse beurteilen und nicht wie Individuen. Und der arme Bruder hat das Gefühl, er ist mal wieder der Dumme…

IHRE KINDER KÖNNEN KEINE GUTE BEZIEHUNG ZUEINANDER ENTWICKELN, WENN SIE EIFERSÜCHTELEIEN UND RIVALITÄTEN UNTER IHNEN ZULASSEN.

In Regel Nr. 60 werden wir sehen, dass es gut ist, Ihren Kindern zu sagen, was sie gut können. Ich sage hier lediglich, Sie sollten ihre Talente und Mängel nur an und für sich nennen und nicht mit denen der Geschwister vergleichen. Schließlich ist es doch nicht so wichtig, ob sie besser oder schlechter als ihre Geschwister kochen, singen, Trampolin springen, kopfrechnen, telefonieren, Französisch sprechen, Witze erzählen, sich die Haare kämmen oder sonstwas tun können – Hauptsache, sie können es überhaupt.
Ihre Kinder werden es vielleicht nicht so sehen. Vor allem Jungen sind in allem sehr auf Wettbewerb bedacht, aber auch die Mädchen wollen genau wissen, wo sie stehen. So kann es sein, dass Ihre Kinder Sie mit Fragen löchern, wie: „Mein Bild ist doch schöner als ihres, nicht?“, oder: „Ich kann viel schneller laufen als er, stimmt's?“ Was können Sie dann sagen?
Die Antwort fällt so aus, dass Sie sagen, was Sie sich als Kind immer geschworen haben, später als Erwachsener nicht zu tun: Sie umgehen eine klare Antwort und sagen: „Das ist schwer zu sagen. Du hast die Bäume ganz toll gezeichnet – die Blätter, richtig detailgetreu. Aber sie hat dafür schöne Farben verwendet und ihr Bild sehr schön ausgemalt.“ Oder: „Ja, Du warst eindeutig schneller. Aber Du bist ja auch schon zwei Jahre älter.“

18) Gratuliere, gut aufgepasst – ich habe gegen Regel Nr. 35 verstoßen. Aber das Kind hat mich nicht gehört.

REGEL 57

UNTERSCHIEDLICHE KINDER BRAUCHEN UNTERSCHIEDLICHE REGELN

Ich finde nicht, dass dieses Buch sehr diskussionswürdig ist. Das ist auch nicht meine Absicht – ich versuche lediglich, ein paar wichtige Prinzipien zu erläutern, von denen die meisten dem gesunden Menschenverstand entspringen, sich aber leichter befolgen lassen, wenn man sie einmal in Worten ausformuliert hat. Über viele dieser Regeln haben Sie zuvor wahrscheinlich noch nie bewusst nachgedacht. Wie ich schon zu Anfang des Buches sagte, ist es keine Enthüllung, keine Offenbarung wirklich neuer Thesen, sondern eher eine Gedächtnisstütze. Aber wenn jemand mit mir darüber diskutieren möchte, ist diese Regel wahrscheinlich eine der umstrittensten. Sie scheint den Regeln Nr. 24, 33, 54 und einigen anderen, die wir noch besprechen werden, zu widersprechen. Aber das scheint nur so.

In Regel Nr. 12 ging es darum, dass Sie lernen, Ihre Erwartungen an Ihre Kinder deren individuellem Charakter anzupassen. Diese Regel geht einen Schritt weiter – manchmal brauchen Sie wirklich unterschiedliche Regeln, um Ihren unterschiedlichen Kindern gerecht zu werden.

Ihre Kinder sind von ihrem Wesen her sehr unterschiedlich, und deshalb passt auch nicht ein und derselbe Satz Regeln für sie alle. Natürlich wird es Ihren Kindern nicht gefallen, wenn sie das Gefühl haben, zu kurz zu kommen, daher müssen manche Regeln für alle gelten. Nennen Sie sie meinetwegen die Hausordnungsregeln. So ist es nur gerecht, dass jedes

Kind ins Bett muss, wenn Sie es ins Bett schicken und dass jedes Kind nach dem Essen den Tisch und die Küche sauber machen muss. Andere Regeln hingegen sollten Sie lieber der Persönlichkeit Ihres Kindes anpassen.

Ich möchte ganz aufrichtig zu Ihnen sein. Als ich ein junger, unbedarfter Vater war, dachte ich, es sei ungerecht, eine Regel für ein Kind zurechtzubiegen, für ein anderes nicht. Es schien mir ganz klar zu sein, dass für alle Kinder dieselben Regeln zu gelten haben. Dann wuchsen meine Kinder heran – und mir wurde klar, dass bestimmte Regeln für eines meiner Kinder viel schwerer zu befolgen waren als für meine anderen.

Hier ist ein Beispiel: Ich habe einen Sohn, der extrem unordentlich ist. Er ist ein regelrechter Messie.[19] Er selbst merkt davon aber nichts, denn er ist aus irgendwelchen Gründen nicht in der Lage, das Chaos zu sehen, das er überall hinterlässt. Wenn wir ihn bitten, sein Zimmer aufzuräumen, ist das nicht dasselbe, wie wenn wir seine Geschwister darum bitten. Es ist, als würden wir zwanzigmal so viel von ihm verlangen, denn er sieht erstens die Unordnung gar nicht, versteht zweitens nicht, warum es überhaupt ein Problem ist (für ihn ist es keines), und drittens würde es, wenn er es richtig machen müsste, jeden Tag mehrere Stunden in Anspruch nehmen. Daher wäre es sehr ungerecht, dieselbe Regel auf ihn anzuwenden wie auf seine Geschwister.

Natürlich kommt er nicht einfach so davon. Aber wir verlangen weniger von ihm als von den anderen. Auch er muss sauber machen, aber wir helfen ihm dabei, allerdings nur, wenn er sich zuvor bemüht hat. Je älter er wird, desto mehr Verantwortung können wir ihm übertragen.

Derselbe Sohn schafft es, sich sehr lange zu konzentrieren; er kann sich hinsetzen und eine gute halbe Stunde am Stück Hausaufgaben machen, was er auch problemlos tut. Einer seiner Brüder, ein viel ordentlicherer Mensch, kann sich jedoch nur sehr schwer mehr als zehn Minuten hintereinander konzentrieren. Daher haben wir ihm erlaubt, seine Hausaufgaben in kürzeren Einheiten über das gesamte Wochenende hinweg machen zu dürfen.

Mit anderen Worten: Manchmal ist es gut, für jedes Geschwister dieselben Regeln anzuwenden, aber es gibt Fälle, da wäre so etwas sehr ungerecht, und Sie sollten darauf achtgeben. Das Wesentliche ist, zu verstehen, was Sie von jedem Kind erwarten können.

DAS WESENTLICHE IST, ZU VERSTEHEN, WAS SIE VON JEDEM KIND ERWARTEN KÖNNEN.

19) Schon wieder ein Verstoß gegen Regel Nr. 35. Aber ich sage ja nicht, welcher meiner Söhne es ist.

58 BEVORZUGEN SIE KEINES IHRER KINDER

Man gibt nicht gern zu, dass man ein Lieblingskind hat – das ist ein Tabu. Viele Leute sagen: „Man darf kein Lieblingskind haben – das gehört sich nicht." Schön und gut, werden Sie sagen, aber bei mir ist es eben so. Was soll ich tun? Manche Eltern haben kein Problem mit dieser Regel. Sie bevorzugen keines ihrer Kinder, denn das käme ihnen gar nicht in den Sinn, weil sie nicht so gemacht sind. Andere hingegen können nicht anders, als eines ihrer Kinder ganz besonders gern zu haben. Sie müssten lügen, würden sie behaupten, dass es nicht so ist.

Wenn es bei Ihnen der Fall ist, dann lügen Sie lieber. Sagen Sie niemandem, unter keinen Umständen, wer Ihr Lieblingskind ist, höchstens vielleicht Ihrer Partnerin oder Ihrem Partner. Und sollte es notwendig sein, dann lügen Sie lieber und behaupten Sie, Sie hätten kein Lieblingskind. Ich kann mich noch daran erinnern, dass meine Großmutter mir eines Tages erzählte, ich sei der Lieblingsneffe meiner Tante. Natürlich fühlte ich mich sehr geschmeichelt, aber ihr tat es hinterher sehr leid, dass sie es mir verraten hatte. Man kann eben nie sicher sein, dass die Leute nicht in einem unbedachten Moment etwas ausplaudern, was sie hinterher bereuen.

Ich kenne einen Elternteil, der mir gesagt hat, dass er ein Lieblingskind hat – er kann nun mal nicht anders –, aber dass es nicht immer dasselbe Kind war. Mal ist das eine Kind eine Zeitlang sein Lieblingskind, dann ein anderes – alle sind mal dran, aber ohne dass sie es wissen. Er hat mir auch gesagt, er habe sie alle immer gleich lieb gehabt – nur manche zeitweise noch mehr.

Was also können Sie tun, wenn Ihnen eines Ihrer Kinder besonders ans Herz gewachsen ist (außer, Sie lügen und streiten es ab)? Nun, Sie sollten sich zunächst darüber Gedanken machen, ob Sie wirklich eines mehr lieben als die anderen, oder ob Sie es einfach nur mehr mögen. Vielleicht liegt es ja nur daran, dass es einfach das Kind ist, zu dem Sie sich am stärksten hingezogen fühlen, was nicht dasselbe ist, wie, dass Sie es am meisten lieben. Es ist auch gut möglich, dass Sie alle Ihre Kinder gleich lieb haben, aber es nicht so wahrnehmen.

Das funktioniert so bei einigen Eltern, aber nicht bei allen. Wenn Sie jetzt immer noch den Eindruck haben, eines am meisten zu lieben, sollten Sie an Ihrer Beziehung zu Ihrem anderen Kind arbeiten. Suchen Sie ganz bewusst nach seinen liebenswerten Eigenschaften, verbringen Sie mehr Zeit mit ihm, suchen Sie nach einem Hobby, das Sie mit diesem Kind teilen und üben Sie es miteinander aus – sei es Eisenbahn spielen, Angeln, Kleider kaufen, Horrorfilme ansehen (natürlich nur für ältere Kinder), Wandern, Essen, Pferde, Fußball – was auch immer.

Übrigens werden Ihre Kinder immer nach jedem kleinsten Hinweis Ausschau halten, wer von ihnen Ihr Lieblingskind ist. Vielleicht fragen sie Sie direkt, oder sie suchen nach den geringsten Anzeichen dafür, wobei sie Ihre Absichten oft bewusst fehlinterpretieren, um diese für sie wertvolle Information herauszubekommen. Sollten sie Ihnen alle vorwerfen, Sie würden den einen oder anderen von ihnen bevorzugen, ohne sich darüber einig zu werden, machen Sie in der Regel alles richtig. Wenn sie sich aber einig sind, dass Sie einen ganz Bestimmten unter ihnen bevorzugen – ob das nun stimmt oder nicht –, sollten Sie sich über die Signale, die Sie ihnen gegenüber aussenden, Gedanken machen.

SAGEN SIE NIEMANDEM, UNTER KEINEN UMSTÄNDEN, WER IHR LIEBLINGSKIND IST.

REGEL 59

MISCHEN SIE – MAL SO, MAL SO

Diese Regel soll Ihnen dabei helfen, Ihre Beziehung zu Ihren Kindern und die Ihrer Kinder untereinander zu festigen. Sie hilft auch dann, wenn Sie Gefahr laufen, ein Lieblingskind zu haben, wenn Sie bestimmte Eigenschaften an Ihren Kindern nicht leiden können oder das Gefühl haben, sie hätten fast nichts mit Ihnen gemein.

Viele traditionelle Familien – vor allem solche mit zwei Eltern und zwei Kindern – neigen dazu, viel miteinander zu unternehmen. Vielleicht sind ein Elternteil oder beide während der Wochentage in der Arbeit, aber am Wochenende gehen alle vier als Familie weg. Ich kenne sehr viele Familien, die es so machen, und es gilt in der Regel als gut.

Gut? Na ja – ja und nein, würde ich sagen. Man kann auch des Guten zu viel haben. Es ist wichtig, dass Sie dafür sorgen, dass Sie Ihre Freizeit in so vielen wechselnden Kombinationen wie möglich miteinander verbringen. Sorgen Sie dafür, dass

- jedes Kind mal mit dem Vater, mal mit der Mutter allein etwas unternimmt,
- beide/alle Kinder mal mit dem Vater, mal mit der Mutter etwas unternehmen,
- jedes Kind beide Eltern auch mal allein für sich haben kann, während die anderen woanders sind,
- wenn Sie drei oder mehr Kinder haben, zwei Kinder auch mal mit Mutter oder Vater Zeit verbringen, während das oder die übrigen mit

dem anderen Elternteil zusammen sind. Nehmen Sie die Aufteilung nicht immer in derselben Weise vor.

Das gibt Ihnen auch die Gelegenheit, zu jedem Ihrer Kinder eine ganz besondere Beziehung aufzubauen. So ist es beispielsweise denkbar, dass Kind Nummer 1 mit einem Elternteil zusammen kocht und mit dem anderen spazieren geht. Währenddessen schaut sich Kind Nummer 2 mit einem Elternteil Bücher an und geht danach mit dem anderen auf den Spielplatz. Wenn jedes Kind sein eigenes Hobby hat, das es nur mit Vater oder Mutter teilt, fühlen bald alle, dass sie füreinander etwas Besonderes sind.

ES IST WICHTIG, DASS SIE DAFÜR SORGEN, DASS SIE IHRE FREIZEIT IN SO VIELEN WECHSELNDEN KOMBINATIONEN WIE MÖGLICH MITEINANDER VERBRINGEN.

Das System erweist sich auch dann als besonders wertvoll, wenn Stiefkinder oder Halbgeschwister mit in der Familie sind. Dieser Ansatz gibt jedem von Ihnen die Chance, mit dem anderen eine enge Beziehung zu knüpfen und ist viel besser, als wenn das Kind seine Stiefmutter oder seinen Stiefvater nur in Gegenwart seiner Stiefgeschwister sehen darf. Wenn Sie alleinerziehend sind, ist das alles natürlich viel schwieriger.[20] Aber es ist auf jeden Fall die Mühe wert, zu versuchen, jede sich bietende Gelegenheit wahrzunehmen, andere zu bitten, auf einen Teil Ihrer Kinder aufzupassen und auch einmal mit einem oder zwei Ihrer Kinder allein zu sein. Wenn Sie einmal ein Kind ein paar Stunden ganz für sich haben – vielleicht, weil die anderen gerade bei Freunden oder auf einer Party sind –, unternehmen Sie etwas Besonderes mit ihm, anstatt nur die normale Hausarbeit zu machen und froh darüber zu sein, dass das Gezanke endlich mal aufhört.

20) Wenn Sie zwölf Kinder haben, auch, könnte ich mir vorstellen. Aber falls das der Fall sein sollte, haben Sie vermutlich sowieso nicht die Zeit, dieses Buch zu lesen.

REGEL 60

FINDEN SIE HERAUS, WELCHE STÄRKEN JEDES IHRER KINDER HAT

Regel Nr. 42 handelte von Folgendem: Sie sollten dafür sorgen, dass Ihr Kind weiß, es kann etwas besonders gut. Das ist wesentlich, insbesondere, wenn Sie mehr als ein Kind haben. Eines ist hundertprozentig sicher – dass sie ganz unterschiedliche Stärken haben werden.

Oft ziehen sich bestimmte Talente und Begabungen quer durch die ganze Familie. Es kann gut sein, dass eines Ihrer Kinder musikalisch begabt ist, ein Sport-As, ein kleiner Künstler oder ein sich früh ankündigendes Forschertalent, und dass dieses auch für seine Geschwister gilt. Trotzdem kann es sehr hart sein, gut Fagott zu spielen, wenn die ältere Schwester auch Fagott spielt und natürlich schon viel weiter ist. Vielleicht denkt das jüngere Geschwister dann, es sollte doch lieber Cellist oder Flötist werden, um mehr Erfolg zu haben. Sie sollten diese kleinen Unterschiede ruhig fördern, damit jedes Ihrer Kinder auf seine eigene Weise glänzen und sich hervortun kann.

Die größten Unterschiede jedoch sind charakterlicher Natur. Geschwister können trotz gleicher Erbanlagen sehr unterschiedliche Stärken aufweisen, und Sie sollten sie dazu ermutigen, dies zu tun (immer eingedenk der Regel Nr. 56, wo es heißt, Sie sollen keine Vergleiche zwischen Ihren Kindern ziehen). Je älter sie werden, umso mehr individuelle Züge werden Ihre Kinder entwickeln, und das muss auch so sein, damit sie sich als

Persönlichkeiten entfalten können. Sie wollen keine geklonte Kopie ihrer Brüder und Schwestern sein, sie wollen sie selbst sein. Sie können ihnen dabei helfen, indem Sie sie dazu ermutigen, ihre individuell eigenen Stärken zu entdecken und zu pflegen.

Das gilt insbesondere für jüngere Geschwister, die oft jahrelang darum kämpfen müssen, irgendetwas besser zu können als die Älteren. Aber es ist viel leichter für sie, Charakterstärken zu entwickeln als besondere Fähigkeiten. Mit anderen Worten: Es ist für einen Dreijährigen leichter, der Mutigste zu sein, als der Beste im Buchstabieren zu sein. Also lassen Sie Ihren Dreijährigen unbedingt wissen – aber ohne ihn mit seinen Geschwistern zu vergleichen –, dass er sehr tapfer ist oder sehr nett oder dass er sich Dinge gut merken kann (eines meiner Kinder konnte sich schon mit drei Jahren meine komplette Einkaufsliste merken, wenn sie nicht zu lang war – er hatte einfach ein hervorragendes Gedächtnis für derlei Dinge).

Das Selbstvertrauen Ihres Kindes und sein Bewusstsein von seiner Bedeutung in Ihrer Familie hängen entscheidend davon ab, dass es weiß, dass es seine ganz persönliche Begabung im Team einbringen kann. Also sollten Sie als Eltern, denen etwas an den Regeln liegt, herausfinden, wo die besonderen Stärken eines jeden Kindes liegen, insbesondere die, die der ganzen Familie nützen – beispielsweise geschicktes Helfen beim Navigieren auf längeren Reisen, hervorragend kochen, jeden zum Lachen bringen, auch wenn es gerade sehr schlecht aussieht. Oder logistische Probleme lösen, Streitigkeiten schlichten, in einer Krise ruhig Blut bewahren, Betriebsanleitungen verstehen und befolgen können (ich bin immer froh darum, denn ich selbst bin ziemlich unfähig, wenn es darum geht, Gebrauchsanweisungen zu verstehen).

Eines möchte ich dazu noch sagen: Suchen Sie sich nicht immer nur einen als den Super-Navigator, Super-Koch oder Super-Problemlöser aus, den Sie dafür loben, wenn Sie merken, dass ein anderes Ihrer Kinder diese Rolle auch gern innehätte. Wenn sich ein Kind für einen guten Navigator hält, aber immer nur sein Geschwister gefragt wird und es keine Chance bekommt zu zeigen, dass es das auch gut kann, kann das ziemlich demoralisierend auf das Kind wirken. Achten Sie also darauf, dass niemand aus Gewohnheit oder unabsichtlich übersehen wird.

DAS SELBSTVERTRAUEN IHRES KINDES UND SEIN BEWUSSTSEIN VON SEINER BEDEUTUNG IN IHRER FAMILIE HÄNGEN ENTSCHEIDEND DAVON AB, DASS ES WEISS, DASS ES SEINE GANZ PERSÖNLICHE BEGABUNG IM TEAM EINBRINGEN KANN.

REGELN FÜRS SCHULALTER

Ob Sie es nun gut finden oder nicht – Ihr Kind muss irgendeine Art von Schule besuchen. Und obwohl es nicht bei Ihnen ist, wenn es in der Schule ist (es sei denn, Sie unterrichten es selbst zu Hause), können Sie mit Ihrer Einstellung eine Menge Einfluss darauf ausüben, wie erfolgreich Ihr Kind in der Schule ist – und das meine ich nicht nur im schulischen Sinne.
Während der Schulwochen verbringt Ihr Kind mehr Stunden in der Schule als bei Ihnen zu Hause, zumindest wenn man von der Zeit des Schlafens absieht (nehmen wir mal an, es schläft nicht im Unterricht). Das heißt, dieser Teil des Tages ist für Ihr Kind sehr wichtig und es muss den Eindruck haben, dass auch Sie daran interessiert sind und Anteil nehmen, wenn auch aus der Ferne.
Vom Alter von 4 bis 5 Jahren an bis zum 16., 17. oder 18. Lebensjahr gibt es ganz bestimmte Regeln, die Sie und Ihre Kinder besser und glücklicher durch die schwierige Schulzeit bringen.

REGEL 61

SCHULE IST NICHT DASSELBE WIE ERZIEHUNG

Ich kenne Leute, die haben mit 16 oder 18 Jahren die Schule verlassen und wussten nichts – außer, vielleicht, ihren Stundenplan und wo Burkina Faso liegt und worum es bei der Rücknahme der britischen Korngesetze ging (fragen Sie mich nicht, keine Ahnung). Mit anderen Worten – reines Faktenwissen. Das vermittelt einem die Schule: Reines Faktenwissen. Okay, und dazu noch ein paar Fähigkeiten wie Bruchrechnen und Grammatik, von denen Sie das Meiste später sowieso wieder vergessen werden, außer Sie brauchen es noch einmal. Manches von diesen Kenntnissen ist durchaus nützlich, zum Beispiel die Fremdsprachen, aber vieles andere ist ziemlich wertlos.

DAS VERMITTELT EINEM DIE SCHULE:
REINES FAKTENWISSEN.

Verstehen Sie mich bitte nicht falsch. Ich möchte hier nicht auf der Institution Schule herumhacken. Die Schule bringt einem das Lernen bei – eine nützliche Fähigkeit, die man sein Leben lang braucht –, aber das dauert zehn bis zwölf Jahre. Denken Sie bloß einmal an all das, was die Schule Ihren Kindern in dieser wichtigen Phase nicht beibringt: Wie man selbstständig denkt, wie man eine Glühbirne wechselt, wie man sich energisch durchsetzt, wie man es schafft, schuldenfrei zu bleiben, woran man spürt, ob sich ein Kampf zusammenbraut, wie man Auseinandersetzungen unter

Freunden friedlich beilegt, wie man Menschen mit Respekt behandelt, was zu tun ist, wenn das Auto streikt, wie man seinen Ängsten offen entgegentritt, wie man ein guter Verlierer und ein fairer Sieger wird ...

„Aber in der Schule lernt man doch, wie man gewinnt und verliert", höre ich Sie sagen, „darum geht es doch immer im Sportunterricht." Ja, ich weiß, die Schule vermittelt einem viele Praxis in diesem und anderen Bereichen (in anderen gar keine), aber sie sagt einem nicht, wie man es richtig macht. Sie lässt einen jedesmal ins offene Messer laufen, wenn man das will. Jedenfalls könnten Ihre Kinder alles, was sie in der Schule praktisch lernen, genauso gut auch außerhalb der Schule lernen. Denn nur die Tatsache, dass sie sich da in einer Klasse (Gruppe) bewegen, lehrt sie, welches Verhalten sozial in Ordnung ist und welches nicht. Die Lehrer haben damit nicht viel zu tun. Das könnten die Schüler auch ohne sie in der Gruppe lernen – im Freizeitheim, im Fußballverein oder auf dem Spielplatz.

Worauf ich hinaus will, ist die Tatsache, dass Schule für Ihr Kind nicht dasselbe leistet wie Erziehung. Schule ist wichtig, aber nicht halb so wichtig wie eine gute Erziehung. Es ist die Aufgabe der Schule, die Kinder zu schulen (schon der Name weist ja darauf hin), aber Ihre Aufgabe ist es, sie zu erziehen. Erwarten Sie nicht, dass die Schule das für Sie übernimmt.

Ich kenne einige Kinder, die zu Hause unterrichtet wurden und heute viel lebensfähiger, ausgeglichener und reifer sind als Kinder, die die gesamte Schulkarriere durchlaufen haben. Was beweist, dass die Schule für eine gute Erziehung nicht unbedingt notwendig ist. Ich will damit nicht sagen, Sie sollten Ihr Kind zu Hause unterrichten, wenn Sie nicht wollen. Ich will nur sagen: Verlassen Sie sich nicht darauf, dass die Schule Ihrem Kind mehr als reines Faktenwissen vermittelt oder bestimmte Fähigkeiten, etwa, wie man einen Recorder bedient oder einen Frosch seziert. Den Rest müssen Sie schon selbst leisten.

REGEL 62

SCHULE KOMMT ALS PAKET DAHER

Die perfekte Schule gibt es nicht. In der Schule, in die Ihr Kind geht, gibt es mehrere Hundert, vielleicht sogar mehrere Tausend Eltern und es ist nicht davon auszugehen, dass sie alles gut finden, was die Schule tut. Wenn es bei jeder Richtlinie, die die Schule erlässt, der einhelligen Zustimmung aller Schülereltern bedürfte, könnte man sich nicht einmal über den morgendlichen Unterrichtsbeginn einigen.

Natürlich wird es immer Dinge geben, die Sie an der Schule Ihres Kindes stören – die Menge der zu erledigenden Hausaufgaben, die Strenge – oder umgekehrt, die fehlende Strenge – die Strafen, die blöde Schuluniform, die die Kinder tragen müssen, die Tatsache, dass sie dort partout Fußball spielen müssen, auch wenn sie gar nicht mögen, dass die Versammlungen nur weltlicher und nicht religiöser Natur sind (oder umgekehrt), dass die Schüler nur Spanisch und kein Deutsch lernen, dass sie immer drinnen spielen müssen, wenn es regnet… und so weiter.

Sie können aber nun einmal nichts dagegen tun. Okay, Sie können die Schule wechseln, wenn etwas Sie zu sehr stört, aber ich garantiere Ihnen, dass die nächste Schule auch Aspekte hat, die Sie stören werden. Es sind lediglich andere Dinge. Außerdem muss man sagen: Ihr Kind kann nichts dafür, und es kann nichts dagegen tun. Sie machen ihm nur das Schulleben schwer, wenn Sie es durch Ihr Gemecker gegen seine eigene Schule aufbringen. Damit wäre es mit hoher Wahrscheinlichkeit Konflikten mit den Lehrern und Hänseleien der Mitschüler ausgesetzt.

Konflikte zwischen Schule und Elternhaus sind das Letzte, was Ihre Kinder brauchen.
Sie müssen verstehen, dass jede Schule als ein Paket daherkommt. Es gibt immer Dinge, die Ihnen sympathisch sind und andere, die es nicht sind. Wenn die negativen schwerer wiegen als die positiven, sollten Sie über einen Schulwechsel nachdenken – das ist ein anderes Thema. Aber solange Sie Ihr Kind in diese Schule schicken, müssen Sie das Paket als Ganzes nehmen. Das bedeutet, dass Sie hinter der Schule stehen müssen, sogar hinter den Dingen, die Ihnen nicht so wichtig sind. Sie müssen Ihr Kind ermutigen, die gesamten Hausaufgaben zu machen, die es auf hat, auch wenn es Ihrer Meinung nach zu viele sind. Und Sie müssen dafür sorgen, dass es die blöde Uniform trägt, dass es Hockey spielen lernt oder die Lehrer mit Respekt behandelt, selbst wenn sie es nicht so behandeln.

SIE MÜSSEN VERSTEHEN, DASS JEDE SCHULE ALS EIN PAKET DAHERKOMMT.

Vielleicht fragen Sie sich jetzt, was Sie tun sollen, wenn Ihr Kind Sie direkt fragt: „Findest Du es fair, dass wir so viel aufhaben?“ Sollen Sie Ihr Kind anlügen? Nein, sollen Sie nicht. Erklären Sie es ihm so, wie ich es Ihnen erklärt habe: Die Schule ist ein Paket, und wer in die Schule geht, muss nun mal das ganze Paket nehmen. So erziehen Sie sie gleichzeitig dazu (siehe Regel Nr. 61), als Teil einer sozialen Gruppe zu fungieren. Man muss nicht alles im System gut finden, aber man sollte mit ihm kooperieren.
Bevor Sie jetzt mit mir streiten und an mich schreiben wollen, lesen Sie bitte zunächst die nächste Regel.

REGEL 63

STEHEN SIE FEST AUF DER SEITE IHRES KINDES

In Regel Nr. 62 ging es darum, dass Sie fest zur Schule stehen, auch wenn sie nicht mit allem einverstanden sind, was die Schule tut. Aber das gilt nicht uneingeschränkt. Sie sollten hinter den Grundsätzen und Systemen der Schule stehen, denn sie sind ein wichtiger Teil des Ganzen. Aber es können Situationen eintreten, die sich speziell auf Ihr Kind beziehen, und Sie können die Lösung des Konfliktes nicht immer allein der Schule überlassen.

Ihr Kind muss wissen, dass Sie auf seiner Seite stehen. Wenn es ernsthafte Probleme gibt, sind Sie der Einzige, der für seine Sache eintritt – und manchmal braucht es einen Rückhalt. Wenn die Schule nicht genug tut, wenn Ihr Kind gemobbt wird, wenn sie die Legasthenie Ihres Kindes nicht erkennt oder wenn ein einzelner Lehrer Ihrem Kind das Leben zur Hölle macht, müssen Sie selbstverständlich handeln. Ihr Kind muss wissen, dass Sie für es da sind, wenn es hart auf hart kommt. Dazu sind Eltern da. Was wäre die Alternative? Dass Sie tatenlos zusehen, wie Ihr Kind leidet.

IHR KIND MUSS WISSEN, DASS SIE FÜR ES DA SIND, WENN ES HART AUF HART KOMMT.

Manchmal fällt es Erwachsenen schwer, sich daran zu erinnern, wie schwach und ohnmächtig man sich als Kind gefühlt hat. Situationen, mit denen wie heute als Erwachsene gut zurechtkommen, erschienen uns

früher, als wir jung waren, einschüchternd und unüberwindlich. Heute ertragen wir es, uns ein paar Monate lang mit einem für uns unangenehmen Zustand abzufinden, aber wenn man fünf oder 15 Jahre alt ist, kommen einem ein paar Monate unendlich lange vor. Ich erinnere mich noch gut an das Bauchweh, das ich vor der nächsten Stunde bekam, wenn ich (mal wieder) die Hausaufgabe nicht gemacht hatte. Wenn man mich heute vor denselben Lehrer stellen würde und er mich herunterputzen würde, wüsste ich mich schon zu behaupten. Aber damals konnte ich es einfach nicht. Kinder sind darauf abgerichtet, die Autorität des Lehrers zu akzeptieren und sie haben weder die Fähigkeiten noch den Mut, sich selbst gegen das System zu wehren. Das müssen Sie für sie tun.
Ich frage mich, ob es richtig ist, in diesem Zusammenhang das Wort „kämpfen" zu verwenden. Denn selbstverständlich ist Diplomatie immer besser als ein Kampf, und ich sage nicht, Sie sollen wie ein gereizter Stier ins Büro des Direktors stürmen. Es ist immer sinnvoller, andere wissen zu lassen, dass man ihren Standpunkt versteht und sie anschließend dazu zu bringen, auch Ihren zu verstehen. Dies ist das Wesentliche an der Elternrolle, wie sie die Regeln verstehen. Denn als regelbewusste Eltern wissen Sie, dass Sie die Situation behutsam handhaben müssen, wenn Sie nicht wollen, dass der Schulleiter gegen Sie ist, bevor Sie auch nur ein Wort gesagt haben.
Es ist wichtig, darauf hinzuweisen, dass Regel Nr. 63 viel besser funktioniert, wenn Sie die vorhergehende Regel befolgen. Mit anderen Worten: Wenn die Schule Sie für jemanden hält, der im Allgemeinen nichts gegen sie hat, nimmt sie Ihre Meinung, falls es Probleme gibt, eher ernst, als wenn bekannt ist, dass Sie sich jahraus, jahrein über die Schule geärgert und beschwert haben. Dann gelten Sie leicht als Querulant und die Schulleitung wird viel weniger bereit sein, auf Sie zu hören, auch wenn diesmal ein wirklich wichtiges Problem ansteht.

REGEL 64

MOBBING IST IMMER ERNST ZU NEHMEN

Ich kenne ein Kind namens Ned, das mag seinen Namen gar nicht, weil er sich auf so vieles reimt. Natürlich haben das seine Klassenkameraden längst bemerkt. Einer ihrer Lieblingssprüche lautet: „Ned, Ned, Ned / macht immer noch ins Bett.“[21] Das klingt vielleicht witzig, aber der arme Ned findet es gar nicht komisch.

Es ist für Eltern sehr leicht, solche Sachen nicht so ernst zu nehmen. Sie sagen etwa: „Stock und Stein können einem die Knochen brechen, aber Wörter können niemanden verletzen.“ Eltern, die sich an die Regeln halten, wissen natürlich, dass es nicht so einfach ist. Natürlich ist eine kleine Neckerei harmloser, als wenn man Tag für Tag verprügelt wird und sein Pausenbrotgeld hergeben muss (in der nächsten Regel beschäftigen wir uns näher mit diesem offen aggressiven Verhalten). Aber nicht alle verbalen Spöttereien sind harmlos. Sie können Kinder tief verletzen und kränken.

Hier zählt einzig und allein, wie Ihr Kind sich fühlt. Es ist völlig unerheblich, ob die Neckerei nur von einem Kind oder von der ganzen Klasse ausgeht. Es ist auch unerheblich, ob es lediglich gestern von einem Kind getreten wurde oder ob es jeden Tag Prügel von einer ganzen Gang bezieht. Ebenso unerheblich ist es, wie Sie die Sache nennen – Necken, Spott oder Mobbing. Entscheidend ist nur, wie Ihr Kind die Beleidigung auffasst.

Wenn Ihr Kind gekränkt und aufgeregt reagiert, ist es Zeit, etwas zu unternehmen. Sie wollen bestimmt auch etwas unternehmen, nicht wahr?

Also tun Sie es. Je nachdem, was genau vorgefallen ist, besprechen Sie mit Ihrem Kind, was es dagegen tun kann (siehe Regel Nr. 65), oder Sie sprechen mit jemandem von der Schule. Oder Sie haben noch ein anderes Ass im Ärmel. Sie müssen ja nicht gleich den Namen Ned standesamtlich ändern. Aber Sie müssen Ihrem Kind zeigen, dass Sie die Sache ernst nehmen, weil es ihm auch ernst ist.
Andere Eltern direkt zu kontaktieren, ist oft keine gute Lösung. Stellen Sie sich vor, Sie hören, Ihr Kind quält, schlägt oder beleidigt andere Kinder – Sie würden sich doch sofort hinter Ihr Kind stellen, zumindest offiziell, egal was Sie ihm dann privat vielleicht sagen würden. Meist enden solche Begegnungen unter Schülereltern mit gegenseitiger Verärgerung und noch tieferen Gegensätzen. Versuchen Sie es also lieber nicht, es sei denn, Sie sind sicher, es dient der Sache und macht sie nicht noch schlimmer.

SIE MÜSSEN IHREM KIND ZEIGEN,
DASS SIE DIE SACHE ERNST NEHMEN,
WEIL ES IHM AUCH ERNST IST.

21) Ich bin ziemlich sicher, sie würden ähnliche Reime erfinden, wenn das Kind Joe, Harry oder Tom hieße. Allerdings vielleicht nicht, wenn es Erasmus oder Quauhtli hieße. Aber die Träger dieser Namen müssen unter Umständen noch weit Schlimmeres aushalten.

REGEL 65

BRINGEN SIE IHREN KINDERN BEI, FÜR SICH SELBST GERADE ZU STEHEN

Ich will damit nicht sagen, Sie sollten Ihr Kind dazu anhalten, jeden ins Gesicht zu schlagen, der es quält. Aber Mobbing ist leider Teil der menschlichen Natur und passiert in allen Schulen (allerdings gehen manche damit besser um als andere), daher sollten Sie darauf vorbereitet sein, dass es vorkommt. Wenn Ihr Kind gemobbt wird, sollten Sie auf jeden Fall etwas dagegen unternehmen – das haben wir bereits gesagt. Ich bin hier, um Ihnen die Regeln zu erläutern und kann kein ganzes Buch über Mobbing in der Schule und mögliche Lösungen schreiben, auch wenn Sie es jetzt vielleicht dringend brauchen.[22]

Worum also geht es in dieser Regel? Wenn Ihr Kind in der Schule gequält, schikaniert, misshandelt oder gemobbt wird, ist das Wichtigste, was Sie tun können, ihm beizubringen, wie es damit umgehen kann, bevor die Sache zu sehr eskaliert. Wissen Sie, warum Kinder gemobbt werden? Weil sie anders sind als andere Kinder. Forscher haben herausgefunden, dass 75 Prozent aller Kinder schon einmal wegen ihres Aussehens gehänselt oder gemobbt wurden. Jedes fünfte Kind hat sich gedrückt und die Schule geschwänzt, um neuerlichen Angriffen aus dem Weg zu gehen. Ziemlich schlimm, nicht?

Die beiden üblichen Methoden, mit so etwas umzugehen, sind diametral unterschiedlich. Eine Gedankenschule sagt, man solle seinem Kind raten,

zurückzuschlagen. Es überrascht jedoch nicht, dass diese Reaktion nicht selten zu einer weiteren Eskalation des Problems führt. Ein anderer beliebter Ratschlag ist, die Sache auf sich beruhen zu lassen in der Hoffnung, dass sie sich erledigt. Diesen Rat geben Eltern gern, weil sie hoffen, dass es so kommt. Aber es hat sich gezeigt, dass das Gegenteil der Fall ist.
Was ist also die richtige Reaktion? Am besten ist, Ihr Kind strahlt Selbstvertrauen aus, meidet den Augenkontakt mit den Beleidigern nicht und verwirrt sie, indem es abrupt das Thema wechselt. Natürlich funktioniert das nicht immer, aber wenn Ihr Kind tatsächlich Selbstvertrauen hat, selbstbewusst auftritt und sich seiner Außenwirkung bewusst ist, wird es meist gar nicht erst das Opfer von Mobbing-Versuchen. Sie können ihm all das mitgeben, bevor es das erste Mal zum Opfer wird.
Ich sage nicht, dass es Ihre Schuld oder die Ihres Kindes ist, wenn es gemobbt wird. Es ist auch nicht seine Schuld, wenn es eine Brille trägt oder eine körperliche Behinderung hat. Aber ich kenne Kinder, die sind Brillenträger oder körperlich behindert und werden trotzdem nicht gehänselt. Es geht darum, anderen Kindern keinen Grund zu geben, sich Ihr Kind herauszupicken. Natürlich wird ein gelegentliches zu flüchtiges Haarekämmen nicht bemerkt, aber ständige Unsauberkeit, Schweißgeruch und verfilzte Haare schon. Mit mir zusammen ging ein Junge in die Schule, den alle nur „Stinki" nannten. Ich weiß nicht einmal mehr, wie sein richtiger Vorname lautete. Aber eines weiß ich noch – wie er roch, und dass diese traurige Tatsache jedem Grund genug war, auf ihm herumzuhacken.
Sie können verhindern, dass Ihr Kind schikaniert und gemobbt wird, indem Sie dafür sorgen, dass es

- Selbstvertrauen hat und Zuversicht ausstrahlt,
- nicht übergewichtig ist,
- eine gepflegte Erscheinungsform hat (gewaschen und reinlich, mit gepflegten Fingernägeln, gebürstetem Haar, usw.).

Das ist schon mal ein wichtiger Anfang, und wenn Sie Ihrem Kind zusätzlich klar machen, wie wichtig es ist, anderen offen in die Augen zu sehen und keinen schüchternen Eindruck zu machen, haben Sie alles getan, was Sie tun können, um es zu schützen, bevor der Ärger anfängt.

> ES IST NICHT IHRE SCHULD ODER DIE IHRES KINDES, WENN ES GEMOBBT WIRD.

22) Bitte fragen Sie in einer Buchhandlung Ihres Vertrauens nach einem Buch über Mobbing in der Schule.

REGEL 66

FINDEN SIE SICH DAMIT AB, DASS SIE NICHT ALLE FREUNDE IHRER KINDER MÖGEN

Haben Ihre Kinder Freunde, die Sie nicht besonders mögen? Zum Beispiel den Wildfang im Kindergarten, der andere Kinder immer an den Haaren zieht, wenn gerade keiner hinsieht? Oder das Mädchen in der 5. Klasse, das an einem Tag so tut, als sei es die beste Freundin Ihres Kindes und am nächsten Tag nicht einmal mehr mit ihm spricht? Oder den 15-Jährigen, der immer die Schule schwänzt und mit ziemlicher Sicherheit heimlich raucht?
Es wird in der langen Schullaufbahn Ihres Kindes immer wieder Freunde geben, von denen Sie sich wünschten, sie wären keine. Vielleicht haben Sie den Eindruck, sie regen Ihr Kind unnötig auf oder üben einen schlechten Einfluss auf es aus, etwa indem sie unverschämt zu den Lehrern sind oder sich bei Spielen plötzlich verdrücken. Meine Mutter hasste Freunde, die nicht „anständig" redeten (was im Süden Londons, wo ich zur Schule ging, ein bisschen ein Problem war). Wenigstens hat sie nie herausbekommen, dass mir einer meiner Kumpel beigebracht hat, mit ihm zusammen in seinem Schuppen selbstgebastelte Sprengkörper zu fabrizieren …
Was können Sie dagegen tun? Wenn Sie den Titel dieser Regel gelesen haben, wissen Sie es bereits – gar nichts. Sie können sich nur damit abfinden. Ihr Kind muss selbst lernen, sich passende Freunde auszusuchen – auch wenn Sie seine Sympathien nicht teilen. Es muss selbst entscheiden, wann es genug von Kirstie hat, die erst dick auf Freundschaft macht und

ihm dann wieder die kalte Schulter zeigt. Oder ob es so toll ist, zusammen mit Jake Französisch zu schwänzen.

Letzten Endes entscheiden sie sich gemäß den Werten, die Sie ihnen mitgeben. Sie brauchen ihre Zeit – sie müssen mit schlechten Freundschaften Erfahrungen sammeln, bevor sie erkennen, was gute Freundschaften ausmacht. Also machen Sie sich nicht zu viele Sorgen, wenn sie mit sechs Jahren mit einer wilden Meute herumhängen. Am Ende wird sich Ihr gutes elterliches Vorbild schon durchsetzen.

Bis es soweit ist, lernen sie eine Menge von ihren Freunden, Gutes wie Schlechtes. Wenn man durch die Französisch-Prüfung durchfällt, weil man so oft den Französisch-Unterricht geschwänzt hat, lernt man daraus unter Umständen mehr, als wenn man immer brav anwesend war und die Prüfung auf Anhieb besteht.[23]

Wie erkennen Sie, ob die Freunde Ihrer Kinder schlecht sind? Vielleicht hat Ihr Kind eine wilde Seite, die es manchmal ausleben muss, ob sie Ihnen nun gefällt oder nicht. Vielleicht ist das Kind, das schon wie ein Schlot raucht, ein ganz treuer Freund. Vielleicht ist das Mädchen, das mit den Gefühlen Ihrer Tochter spielt, fest an ihrer Seite, wenn die ganze Klasse sie verspottet. Oder sie schafft es, sie zum Lachen zu bringen, wenn sie mal wieder einen schlechten Tag hat. Sie müssen sich natürlich keineswegs damit abfinden, dass Ihr Kind raucht oder Autos beschädigt, aber die Freunde, die das tun, können trotzdem als Freunde für es wertvoll sein.

WIE ERKENNEN SIE, OB DIE FREUNDE IHRER KINDER SCHLECHT SIND?

Mir persönlich geht es so: Obwohl ich einige der Freunde meiner Kinder lieber mag als andere, bin ich eigentlich mit allen ganz zufrieden. Selbst die, die ich am wenigsten mag, geben meinen Kindern etwas Wertvolles mit auf den Weg. Da habe ich mit manchen Eltern schon eher Probleme.

23) Allerdings lernt man dann nicht so viel Französisch – zugegeben.

REGEL 67

DENKEN SIE DARAN – SIE SIND ELTERNTEIL, NICHT DER LEHRER IHRES KINDES

Selbstverständlich wünschen Sie sich, dass Ihr Kind gut in der Schule ist und dass es seine Prüfungen mit guten Noten besteht; vielleicht hoffen Sie sogar schon, dass es später einmal an einer der besten Universitäten studieren darf. Die Versuchung, intensiv im Unterrichtsbetrieb mitzumischen, ist für Eltern groß – sei es, dass Sie die Hausaufgaben Ihres Kindes prüfen oder ihr Wissen mit Ihrem vereinen wollen.

Ich kenne einen Vater, der seine Kinder regelmäßig fragt, welche Themen sie in dieser Woche gerade in der Schule behandeln und dann das halbe Wochenende damit verbringt, ihnen zu erzählen, was er über das Thema weiß (er denkt auch noch, er wüsste mehr als die Lehrer). Das ist wirklich der beste Weg, um Ihren Kindern den Spaß am Lernen zu verderben und dafür zu sorgen, dass sie sich überfordert fühlen.

Lassen Sie mich eines klarstellen: Lehrer sind dazu da, Wissen an Ihre Kinder weiterzugeben und ihnen beizubringen, wie sie ihre Prüfungen gut bestehen. An diesem Erfolg werden beide, Schüler wie Lehrer, gemessen. Sie jedoch sind nicht der Lehrer Ihres Kindes. Sie dürfen ihnen erlauben, Fehler zu machen und selbständig zu lernen, ohne dass Sie sie andauernd verbessern. Sie können all die lebenswichtigen Fähigkeiten betonen, über die wir zuvor schon gesprochen haben (siehe Regel Nr. 11), für die die Schule nicht zuständig ist und die Sie nicht messen können – sie sind oft viel wichtiger als die schulischen Leistungen Ihres Kindes. Sie dürfen Sie ermutigen, neue Dinge auszuprobieren (Auslandsurlaube, Karatekurse, Segeln, Oliven), neue Interessen zu entdecken und interessante Menschen kennenzulernen. Ermutigen Sie sie, viel Verschiedenes zu lesen und sich für die Welt zu interessieren, Fragen zu stellen und sich ihre eigene Meinung zu bilden.

Manchmal beherrscht die Schule das Leben Ihres Kindes zu sehr, und es braucht Sie, um die Sache wieder zurechtzurücken. Wenn Sie die Freizeit Ihres Kindes daheim damit zubringen, es mit der Frage zu nerven, ob es schon alle Hausaufgaben gemacht hat und wie die Arbeiten diese Woche ausgefallen sind und ihm alles über Heinrich den Achten zu erzählen, durchdringt die Schule alle Bereiche seines Lebens. Und wenn ein Lehrer es schon wegen eines Vorfalls ermahnt hat, brauchen Sie das nicht auch noch zu tun. Einmal genügt vollauf. Sie sollten die Autorität der Schule nicht untergraben (Regel Nr. 62), indem Sie den Lehrer als kleinkariert bezeichnen, aber Sie können Ihrem Kind sagen: „Tu, was die Schule von Dir verlangt, auch wenn Du anderer Meinung bist, aber weil Dein Lehrer Dich schon einmal ermahnt hat, will ich es nicht noch mal tun“ – und dann wechseln Sie das Thema.

Ich weiß, sie sollen ihre Hausaufgaben machen, und wenn Sie sie nicht fragen, wo ihr schmutziger Trainingsanzug ist, können Sie ihn nicht waschen (schließlich kann man nicht von Ihnen erwarten, dass Sie wissen, dass sie ihre Socken im Federmäppchen aufbewahren), aber lassen Sie sie ansonsten so viel wie möglich von der Schule entspannen. Je älter Ihr Kind wird, umso mehr tritt die Schule in den Vordergrund, mit längeren Unterrichtszeiten, mehr Hausaufgaben und mehr Prüfungsdruck. Umso wichtiger wird es, dass Sie ihnen die Chance geben, die Schule hinter sich zu lassen, sobald der Schlussgong ertönt ist.

Natürlich können Sie ein gesundes Interesse an dem zeigen, was sie gerade in der Schule machen und mit ihnen über die Themen diskutieren, wenn sie wollen. Aber Sie sollten ihnen auch ausreichend Ruhe und Entspannung gönnen und ihren Horizont öffnen, indem Sie mit ihnen auch viele andere Dinge tun, bzw. darüber nachdenken.

MANCHMAL BEHERRSCHT DIE SCHULE
DAS LEBEN IHRES KINDES ZU SEHR,
UND ES BRAUCHT SIE, UM DIE SACHE
WIEDER ZURECHTZURÜCKEN.

REGEL 68

VERHÄTSCHELN SIE IHR KIND NICHT

Ich wette, auch in der Klasse Ihres Kindes gibt es Kinder, die fast nie anwesend sind. Besonders im Winter. Sie fehlen dann häufig wegen Husten, Erkältung oder angeblicher Allergien[24] und werden von ihren Eltern in Watte gepackt. Und wenn sie mal in der Schule sind, werden sie vom Sport- oder Schwimmunterricht befreit, weil sie einen wehen Finger haben oder ihnen gestern Morgen etwas schlecht war. Ein Klassenkamerad von mir blieb immer zu Hause, wenn sein Heuschnupfen schlimm wurde. So versäumte er unzählige wichtige Unterrichtsstunden, und seine Freunde gewöhnten sich daran, den ganzen Sommer über ohne ihn auszukommen, sodass sie mit ihm zum Schulbeginn, im Herbst, nicht mehr viel anfangen konnten. Und warum das alles? Er hatte zu Hause einen großen Garten – sein Heuschnupfen kann dort nur noch größer geworden sein als in der Schule, die nur von Teer und Asphalt umgeben war.

Ich erzähle Ihnen jetzt etwas, was ich erst im Laufe von Jahren erkannt habe: Eltern, die ihre Kinder schon beim geringsten Wehwehchen zu Hause lassen, sind dieselben, die auch ständig von der Arbeit wegbleiben, weil sie Kopfschmerzen oder eine Erkältung haben. Aus den Kindern, die jammern und verlangen, dass man sich beim kleinsten Schnupfen um sie kümmert, werden später Erwachsene, die der Überzeugung sind, man könne nicht arbeiten, wenn man sich nicht hundertprozentig gut fühlt.

Ich habe Neuigkeiten für solche Eltern (Sie meine ich damit natürlich nicht): Wenn Sie etwas erkältet sind, dann sind Sie das, egal ob Sie nun arbeiten oder zu Hause bleiben. Also können Sie genauso gut arbeiten gehen. Dasselbe gilt auch für Ihre Kinder. Sie tun ihnen keinen Gefallen damit, wenn Sie ihnen vermitteln, dass sich die ganze Welt nach ihnen richtet, sobald sie etwas kränkeln. Und ihre künftigen Chefs werden es ihnen auch nicht danken, sondern sie bei Beförderungen eher übergehen, weil sie zwar hervorragende Arbeit leisten, aber zu selten in der Firma sind.
Wo sind die guten, altmodischen Werte Durchhaltevermögen und Anstand und so weiter? Wir Eltern, die wir uns nach den Regeln richten wollen, möchten robuste, kräftige Kinder haben und keine verweichlichten Waschlappen, die nur jammern können. Interessanterweise kenne ich aus meinem Arbeitsleben Leute, die auch dann zur Stelle sind, wenn es ihnen nicht gut geht und andere, die sich beim ersten Niesen krank schreiben lassen. Wissen Sie was? Die Robusteren werden viel seltener krank als diejenigen, die sich immer nur leid tun.

WO SIND DIE GUTEN, ALTMODISCHEN WERTE DURCHHALTEVERMÖGEN UND ANSTAND UND SO WEITER?

Natürlich können Sie Ihr Kind zu Hause lassen, wenn es wirklich krank ist, aber nur dann. Wenn es fit genug ist, herumzulaufen, kann es auch in die Schule gehen. Kinder sollten nur dann zu Hause bleiben, wenn sie so krank sind, dass sie den ganzen Tag im Bett oder auf dem Sofa unter einer Decke liegend zubringen. Sonst versäumen sie wichtigen Unterricht und verlieren den Kontakt zu ihren Freunden, und das ist nicht gut für sie. Das Argument der Ansteckungsgefahr in der Schule lasse ich nicht gelten. Was meinen Sie, wo haben sie den Krankheitserreger wohl zuerst aufgeschnappt? Wenn er harmlos genug ist, dass man trotzdem zur Schule gehen kann, dann ist auch die übrige Klasse nicht gefährdet.

Verwöhnen Sie Ihr Kind nicht. Seien Sie verständnisvoll – klar, es macht keinen Spaß, eine Erkältung zu haben –, aber akzeptieren Sie nicht, dass es meint, dies wäre eine Super-Ausrede für einen freien Tag.

24) Bitte widersprechen Sie mir nicht gleich wieder. Ich weiß, es gibt Allergien, die sind echt und sehr unangenehm. Genau deswegen ärgere ich mich ja so über die angeblichen Allergien, die die Glaubwürdigkeit auch der Menschen, die wirklich unter Allergien zu leiden haben, in Zweifel ziehen.

REGEL 69

NEHMEN SIE DEN DRUCK RAUS

Wahrscheinlich will Ihr Kind in der Schule auch bestimmte Noten erreichen. Ob es um Prüfungen oder um die regelmäßigen Leistungstests geht, ob es ihm nur darum geht, gut dazustehen oder ob die Noten wirklich für einen bestimmten Kurs, ein bestimmtes Studium braucht – es sollte nach Möglichkeit nicht sitzen bleiben und das Schuljahr erfolgreich abschließen.

Die Kinder wissen das. Die Lehrer und ihre eigenen Freunde sagen es ihnen ständig. Sie sagen es sich selbst. Da ist es wirklich nicht notwendig, dass Sie es ihnen auch noch sagen. Zu viel Druck kann kontraproduktiv wirken und Kindern echte, ernsthafte psychische Probleme bescheren.

Was ist Ihre Aufgabe? Sie sollten die Dinge für sie wieder ins Lot bringen. Wenn Sie 16 Jahre alt sind, kann Ihnen die Schule leicht den Eindruck vermitteln, Ihr ganzes Leben hänge von Ihren Prüfungsergebnissen ab. Nun, wahrscheinlich ist das nicht der Fall.[25] Ich selbst bin bei der Mittleren Reife in fast allen Fächern durchgefallen, und es hat mir letztendlich nicht geschadet. Auch Einstein soll ja seine Abschlussprüfung vermasselt haben. (Merken Sie, wie gut ich mich fühle, weil ich mich mit Albert Einstein vergleichen kann?)

Seien Sie sich der Tatsache bewusst, wie sehr die Prüfungen Ihr Kind stressen. Wahrscheinlich hat es sowieso schon genug Stress, ohne dass Sie ihm auch noch Druck machen. Also sollten Sie, anstatt Druck auszuüben, lieber etwas ausgleichen. Für ein Kind ist es schwer, sich vorzustellen, was nach der Schule kommt. Ihre Aufgabe ist es, Ihrem Kind zu versichern, dass es noch andere wichtige Dinge im Leben gibt als schulische Leistungen und dass auch aus den Menschen, die in der Prüfung durchfallen, glückliche, erfüllte Erwachsene werden können. Wenn Ihr Kind sein Examen gut besteht, ist das wunderbar, aber wenn nicht, bricht auch nicht gleich die ganze Welt zusammen. Wenn das arme Kind schon zittert, ist es an Ihnen, etwas zu sagen, das ihm den Druck nimmt, damit es erfolgreich ist und keinen Nervenzusammenbruch bekommt. Und wenn das bedeutet, Ihrem Kind zu sagen, dass Sie es akzeptieren, egal was passiert, dann tun Sie das.

Aber vielleicht denken Sie manchmal: Mein Kind ist nicht gestresst genug, es nimmt die ganze Sache nicht ernst genug und versteht nicht, welche Konsequenzen das alles haben kann. Nun, dann können Sie ihm die Folgen ja in Ruhe erklären, ohne zu verlangen, dass es noch mehr arbeitet und ohne es zu fragen, ob es sich tatsächlich leisten kann, fernzusehen oder mit Freunden auszugehen. Wie Sie das machen können? Stellen Sie Ihrem Kind Fragen, wie: „Wie schätzt Du Deine Aussichten zu bestehen ein? Hast Du Dir schon mal überlegt, was Du machst, wenn Du die Prüfung nicht bestehst?"

Letztendlich ist es die Entscheidung Ihres Kindes, wie fleißig es sein will. Sie können es nicht zwingen. Selbst wenn Sie es in seinem Zimmer einschließen, gibt es keine Garantie, dass es auch wirklich lernt. Warum also nicht Druck von ihnen nehmen, anstatt ihn zu erhöhen? Warum nicht sein einziger Zufluchtsort sein? Wenn es erst begriffen hat, dass Sie es nicht zur Arbeit zwingen, wird es viel leichter die nötige Selbstdisziplin aufbringen.

LETZTENDLICH IST ES DIE ENTSCHEIDUNG IHRES KINDES, WIE FLEISSIG ES SEIN WILL.

25) Es sei denn, Sie wollen unbedingt Arzt oder Tierarzt oder so etwas werden – da sind gute Noten sehr nützlich.

REGEL 70

IHRE KINDER MÜSSEN MIT IHREN ENTSCHEIDUNGEN LEBEN (UND DAS IST GUT SO)

Als ich 16 Jahre alt war, entschied ich mich dafür, in die Forstverwaltung zu gehen. Ich wurde angenommen und stand kurz davor, mit meiner Ausbildung dort zu beginnen, als ich plötzlich den Entschluss fasste, doch lieber an die Kunstakademie zu gehen. Ein ganz schöner Unterschied. Meine Mutter hatte bestimmt ihre Meinung dazu, aber sie behielt sie dankenswerterweise für sich und unterstützte mich in meiner Entscheidung. Ich weiß bis heute nicht, welchen der beiden Berufe sie für mich besser gefunden hätte (oder vielleicht doch lieber einen anderen?).

Wenn Sie Ihre Kinder lieben, haben Sie bestimmt Ihre eigene Meinung, was ihre Entscheidungen anbelangt. Sie machen sich Sorgen, weil Sie denken, vielleicht hätten sie ein zu schweres Fach gewählt oder sie würden es später bereuen, Spanisch abgelegt zu haben, oder sie hätten nur deshalb Physik gewählt, weil sie den betreffenden Lehrer mögen. Aber wie dem auch sei, Sie können nichts daran ändern. Sie können Ihrem Kind (behutsam, ohne Druck und ohne eine Vorliebe zu nennen) bei der Entscheidungsfindung helfen, und dann müssen Sie seine Entscheidung unterstützen, auch wenn Sie vielleicht denken, es ist nicht die beste Wahl.

Stellen Sie sich einmal die folgenden Fragen: Was passiert, wenn mein Kind nicht die Entscheidungen trifft, die ich gutheiße? Will ich, dass es in meinem Sinne entscheidet oder in seinem? Ich weiß, dass Sie als Elternteil, der die Regeln befolgt, Ihr Kind nicht bewusst auf einen Karriereweg bringen wollen, der nicht sein eigener ist, aber es ist sehr leicht, zu denken, Sie wüssten es besser. Vielleicht sind Sie der Meinung, Ihre Entscheidung beruht auf dem, was für Ihr Kind am besten ist, aber stimmt das auch wirklich?

Ihre Aufgabe als Eltern ist, ich habe es bereits mehrfach gesagt, viel weiter gefasst als die Rolle der Schule. Sie unterrichten Ihr Kind nicht nur in Chemie, Musik oder Englisch. Sie bringen ihm Fähigkeiten fürs Leben bei. Dazu gehört auch die Fähigkeit, seine eigenen Entscheidungen zu treffen. Wenn Sie sie das nicht selbst machen lassen, helfen Sie ihm nicht wirklich.

Übrigens, ich bin weder Forstbeamter noch Künstler geworden. Ich habe viele verschiedene Berufe ausgeübt, bevor ich schließlich beschloss, für immer Schriftsteller zu werden. Ein Freund von mir zermarterte sich in der Schule das Gehirn, ob er lieber Latein oder Russisch studieren wollte – jetzt hat er eine eigene Zeitarbeitsfirma. Eine andere Freundin von mir konnte sich nicht entscheiden, ob sie nun Philosophie oder Soziologie studieren sollte. Jetzt arbeitet sie für eine karitative Naturschutz-Organisation. Ich kenne zwei Diplom-Chemiker – einer ist heute ein sehr erfolgreicher Banker, der andere ein nicht minder erfolgreicher Kabarettist (ehrlich, das ist kein Witz). Ich kenne sogar jemanden mit 72 Jahren, der mit 15 schon die Schule verließ, um Zollbeamter zu werden und mit über 60 Jahren noch angefangen hat zu studieren und heute Rechtsanwalt ist.

Sie sehen: Unsere Entscheidungen können Einfluss darauf nehmen, wie unser Leben verläuft, aber nicht unbedingt den Einfluss, den wir uns erwarten. Lassen Sie Ihr Kind deshalb ruhig die Fächer studieren, die es studieren möchte. Und wenn Sie ihm das Selbstvertrauen und die Fähigkeiten mitgegeben haben, die es braucht, wird es jede Art von Schule und Examen, egal welche, in eine Karriere verwandeln, die es glücklich macht.

SIE MÜSSEN SEINE ENTSCHEIDUNG UNTERSTÜTZEN, AUCH WENN SIE VIELLEICHT DENKEN, ES IST NICHT DIE BESTE WAHL.

REGELN FÜR DEN UMGANG MIT JUGENDLICHEN

Wenn Sie bis hierher gekommen sind, sind Sie schon ein erfahrener Regel-Praktiker und wissen meist, was Sie zu tun haben. Aber Jugendliche stellen einen vor ganz neue Herausforderungen und lassen einen als Eltern manchmal ganz schön alt aussehen.

Wenn Ihr Kind ein Teenager ist, haben Sie schon die gute Hälfte Ihres Weges zurückgelegt; es bleiben Ihnen nur noch wenige Jahre, um Ihrem Kind alle die Werte und Prinzipien zu vermitteln, die es Ihrer Ansicht nach für ein Leben als reifer Erwachsener braucht. Auf einmal hat es den Anschein, als würden die Kids all die Arbeit, die man bisher in sie gesteckt hat, in hohem Bogen wegwerfen.

Aber wenn Sie einen kühlen Kopf behalten und die folgenden Regeln beherzigen, wird es Ihnen bestimmt gelingen, einen erwachsenen jungen Menschen großzuziehen, auf den Sie stolz sein können.

REGEL 71

KEINE PANIK!

Teenager – wer kennt das nicht? Es ist zum Fürchten. Plötzlich verwandelt sich Ihr liebes, süßes Kind in ein fremdes Wesen, das Sie nicht wiedererkennen. Bestenfalls sind sie mürrisch und einsilbig, schlimmstenfalls sind es wahre Monster aus der Hölle.

Die erste Regel dieses Abschnitts lautet: Keine Panik! So soll es sein. Sie sind nicht die einzigen Eltern, die da durch müssen – den meisten von uns geht es so. Ein paar kommen glimpflich davon, aber wenn Sie mehr als ein Kind haben, ist es sehr unwahrscheinlich, dass Sie sie alle ganz schmerzlos durch ihre Jugendjahre hindurch bekommen. Und wahrscheinlich wäre es auch nicht gesund für Ihr Kind.

Erinnern Sie sich noch daran, wie Ihr Kind die schreckliche Trotzphase mit zwei Jahren durchlebte? Nun, jetzt ist die Phase zurück – aber diesmal viel größer und viel schlimmer. Bei der Trotzphase der Zweijährigen ging es darum, dass Ihr Kleinkind plötzlich begriff, dass es keine Kopie von Ihnen ist, dass es seine Grenzen ausprobierte, um herauszufinden, was es darf und was nicht und „seinen eigenen Kopf" hatte. Teenager sind so ähnlich, bloß in groß. Ihr Kind muss im Leben seinen eigenen Weg gehen, und es muss ihn allein gehen. Jetzt ist der Zeitpunkt des Sich-Losreißens gekommen. Und Ihr Kind wird bei Weitem nicht immer mit Ihnen einer Meinung sein, wie weit das gehen darf.

JETZT IST DIE TROTZPHASE ZURÜCK – ABER DIESMAL VIEL GRÖSSER UND VIEL SCHLIMMER.

Hinzu kommen alle möglichen Hormonschwankungen, Anwandlungen und Zustände, von denen einige tatsächlich die Gehirnfunktion und die Kommunikationsfähigkeiten Ihres Kindes beeinträchtigen (wenn Sie mir nicht glauben, lesen Sie es bitte im Internet nach). Kein Wunder, dass Ihnen jetzt eine Menge Ärger ins Haus steht.

Ich kenne Jugendliche, die diesen ganzen angstbesetzten Prozess hinter sich gebracht haben, bis sie 16 oder 17 waren und andere, die dafür Zeit brauchten, bis sie weit über 20 waren, aber fast alle schaffen sie es irgendwann bis zu einem gewissen Grad. In der Regel schaffen es diejenigen, die gerne Kinder sind, die vielleicht sogar das Lieblingskind der Familie sind, oft die Jüngsten, später als die, die schon mit zwei Jahren erwachsen sein wollten. Aber alle müssen sie dieses Stadium durchlaufen, wenn sie jemals unabhängig und selbstständig werden wollen.

Ich habe eine Freundin, die dachte, sie hätte es schon überstanden, als ihre Tochter 18 Jahre alt wurde, ohne die für die Pubertät typische Aggressivität und Lebensangst zu zeigen. Dann, peng, wurde sie nur sechs Monate später von einem Tag auf den anderen mürrisch und missmutig und absolvierte den ganzen Prozess genau wie die meisten ihrer Altersgenossinnen, die ihn gerade hinter sich gebracht hatten. Sie sehen daran: Man sollte sich nie zu sicher sein. Kaum wendet man ihnen einmal den Rücken zu, kann es losgehen.

Was ist das Gute daran? Das Gute ist, dass sie, wenn sie den Prozess erst durchgestanden haben, wieder zu dem jungen Menschen werden, als den Sie sie kannten. Natürlich in veränderter Form – älter und klüger als zuvor –, aber immer noch mit all den Werten und Idealen, die Sie ihnen so lange beizubringen versucht haben. Sie müssen nur ein paar Jahre Geduld aufbringen, und irgendwann ist alles wieder in Ordnung.

REGEL 72

DENKEN SIE AN NEWTONS DRITTES GESETZ

Wie alle Eltern, lieben Sie Ihre Kinder abgöttisch. Daher wird es Ihnen sehr schwerfallen, mit anzusehen, wie sie Fehler machen, die sie, wie Ihrer Ansicht nach später vielleicht bitter bereuen müssen. Bestimmt haben Sie sich über die Jahre hinweg daran gewöhnt, dass sie kleine Fehler machen – sich zu viel Pudding nehmen oder zu schnell mit dem Fahrrad den Hügel hinunterrasen. Aber mit den Jahren werden auch die Fehler immer größer.

Jetzt bekommen Sie mit, dass sie auf der Party eines Freundes zu viel trinken oder zu weite oder zu enge Kleidung tragen. Vielleicht müssen Sie sogar stillhalten, wenn sie plötzlich entscheiden, mit 16 Jahren die Schule zu verlassen, und Sie haben doch immer gehofft, Ihr Kind würde eines Tages studieren – oder wenn sie einen tollen Samstagsjob vermasseln, weil sie morgens wieder mal nicht rechtzeitig aus dem Bett gekommen sind. Das ist etwas anderes, als wenn Ihr zwei Jahre altes Kind einmal zu viel Pudding isst. Mit dem Alter werden auch die Risiken größer.

Noch schlimmer ist es, wenn Sie untätig dabei zusehen müssen, wie sie dieselben Fehler machen, die Sie selbst früher auch gemacht haben. Wenn sie das Unterrichtsfach Biologie ablegen, nur weil sie den Lehrer nicht leiden können und damit womöglich eine brillante Wissenschaftlerkarriere ausschlagen. Oder wenn sie jahrelang all ihr Geld sparen, um später ein Jahr ins Ausland gehen zu können und es dann auf einmal für ein Auto auf den Hut hauen, das höchstens ganz gut aussieht, aber nicht mal richtig

fährt. Sie hätten es Ihrem Kind gleich sagen können. Wahrscheinlich haben Sie es ihm auch gesagt. Vermutlich laut und deutlich. Aber Hand aufs Herz: Haben Sie die ganzen Jahre über auf Ihre Eltern gehört?
Sie müssen sich wohl oder übel damit abfinden, welche Entscheidungen Ihr Kind trifft – es sei denn, es begibt sich damit ernsthaft in Gefahr. Manchmal haben Sie keine andere Wahl als zuzusehen, selbst wenn die Sache gefährlich wird. Je mehr Sie versuchen, sich einzumischen, desto mehr treiben Sie sie in die entgegengesetzte Richtung. Sie brauchen etwas, woran sie sich reiben, wogegen sie aufbegehren können, weil sie so ‚programmiert' sind. Je mehr Druck Sie ausüben, umso mehr Gegendruck machen sie. Erinnern Sie sich noch an Newtons Drittes Bewegungsgesetz? Zu jeder Handlung gibt es eine gleich gerichtete und eine entgegengesetzte Reaktion. Das trifft auch hier zu – man könnte dieses Gesetz das Erste Gesetz der Pubertät nennen.
Was können Sie tun, wenn Sie sehen, dass sie in die Irre laufen? Sie können ihnen Ihre Meinung mitteilen, aber sagen Sie ihnen nicht, was sie zu tun haben. Sagen Sie es ihnen so, als würden Sie mit einem Erwachsenen auf gleicher Augenhöhe sprechen. Sagen Sie nicht: „Willst Du meine Meinung hören? Ich finde, Du bist ein Idiot!" Mehr in die Richtung: „Es ist Deine Entscheidung, aber hast Du schon daran gedacht, wie Du Dein Auslandsjahr finanzieren willst, wenn Du Dein Geld dafür ausgibst?" Reden Sie mit ihnen wie mit einem Erwachsenen, vielleicht antworten sie Ihnen dann auch so. Wenn nicht diesmal, dann vielleicht nächstes Mal. Auf jeden Fall fragen Sie sie eher um Rat, wenn sie spüren, dass Sie sie ernst nehmen.

HABEN SIE DIE GANZEN JAHRE ÜBER
AUF IHRE ELTERN GEHÖRT?

REGEL 73

LASSEN SIE IHR KIND MITREDEN

Ihr Kind muss lernen, seine eigenen Entscheidungen zu treffen. Es muss lernen, Kompromisse zu schließen, in einer Mannschaft mitzuarbeiten und zu verhandeln. Wie könnten Sie es ihm besser beibringen als dadurch, dass Sie es an Familienentscheidungen beteiligen? Ihr Kind muss bei Entscheidungen, die es betreffen, mitreden können, wie Sie es auch erwarten würden.

Natürlich wird und kann die Meinung Ihres Kindes nicht immer die ausschlaggebende sein. Ihr Kind muss verstehen, dass es Ihr Haus und Ihr Geld ist, um das es geht, dass Sie also immer ein letztes Vetorecht haben. Aber das gilt nicht immer. Ihre Kinder können Sie zum Beispiel nicht zwingen, einen Anbau mit drei Schlafzimmern ans Haus zu bauen, nur weil jedes sein eigenes Schlafzimmer und ein eigenes Büro haben möchte. Aber Sie können mit ihnen zusammen überlegen, wie Sie die existierende Wohnfläche besser aufteilen könnten, um das Beste daraus zu machen.

Je älter Kinder werden, desto mehr sollten Sie sie Entscheidungen treffen lassen, sie um Rat fragen und sie wie erwachsene Menschen behandeln. Warum sollten sie nicht entscheiden dürfen, in welcher Farbe sie ihr Zimmer haben wollen, zumal dann, wenn sie es selbst streichen wollen? Ich erinnere mich noch gut daran, wie eines meiner Kinder ein kleines Loch in der Schlafzimmerwand gefüllt hat – bis er fertig war, war es klumpig und uneben und ungefähr 12 Zentimeter groß. Ich habe es nicht poliert und übermalt. Ich ließ es so, zur Erinnerung an seinen ersten Dekorationsversuch.

Er ist längst aus dem Haus, aber das Loch ist immer noch da. Heute ist er ziemlich geschickt im Malen und Heimwerken, aber das Loch erinnert mich daran, dass wir alle irgendwann mal klein angefangen haben.[26]

Wie steht es mit Urlaub mit der ganzen Familie, solange noch alle mitfahren? Sie müssen das Budget festlegen, aber wenn Ihre Kinder schon Jugendliche sind, dürfen sie doch sicher mit entscheiden, wohin es gehen soll, oder? Wenn Sie darauf bestehen, haben Sie ein Vetorecht – Ihre Kinder aber auch.

Aber es geht nicht nur darum, zu lernen, wie man Entscheidungen trifft, so wichtig das auch ist. Es geht auch darum, dass Ihre Kinder das Gefühl haben, dass sie in wichtige Fragen, die jeden in der Familie betreffen, einbezogen werden. Sie können sie auch an der Aufstellung der Regeln mit beteiligen. So hatte die englische Rugby-Nationalmannschaft, die die Weltmeisterschaft gewann, sich zuvor zusammengesetzt, miteinander feste Regeln vereinbart, um erfolgreich zu werden und sich an diese Regeln gehalten, jeder Einzelne hatte daran mitgearbeitet (mit anderen Worten, sie alle hatten Rechte an den Regeln erworben, wie man im Business-Jargon großspurig sagen würde).

ES GEHT DARUM, DASS IHRE KINDER IN WICHTIGE FRAGEN MIT EINBEZOGEN WERDEN.

Natürlich wird Ihre Beziehung zu Ihren pubertierenden Kindern umso besser, je mehr Gelegenheiten Sie wahrnehmen, sie wie Erwachsene zu behandeln; entsprechend motivierter werden sie sein, sich auch wie verantwortungsbewusste Erwachsene zu benehmen. Wenn sie das tun, wird es für alle Beteiligten eine echte Erleichterung.

26) Das soll keineswegs sentimental oder kitschig klingen. Ich lasse das Loch extra so, damit ich ihn ein bisschen damit aufziehen kann.

REGEL 74

SCHAUEN SIE NICHT UNTER DIE MATRATZE

Teenager haben Einfälle, über die Sie lieber nicht so genau Bescheid wissen wollen. Denn wenn Sie Bescheid wüssten, würden Sie sich nur Sorgen machen. Verfahren Sie lieber nach der Devise: Was ich nicht weiß, macht mich nicht heiß.

Ein paar Beispiele gefällig? Ihre Tochter ist mit ihrem neuen Freund schon weiter, als es Ihnen recht ist. Ihr Sohn liest Pornohefte. Beide haben schon öfter heimlich geraucht. Und beide haben sie mit ziemlicher Sicherheit schon irgendwelche Drogen angeboten bekommen, aber natürlich bewahren sie nichts davon zu Hause in ihrem Zimmer auf; es hat also gar keinen Zweck, heimlich nachzusehen. Zufrieden? Gut. Dann sollten Sie auch nicht unter ihre Matratze gucken oder ihr geheimes Tagebuch lesen.

Sie würden dabei sowieso nichts finden, was Tausende von anderen Teenager-Eltern auch nicht gefunden haben. Wahrscheinlich würden Sie auch nichts von dem finden, was Ihre eigenen Eltern bei Ihnen nicht gefunden haben. Und wenn, was wollen Sie dann tun? Ihre Teenager zur Rede stellen? Lieber nicht. Sie schädigen dabei Ihre Vertrauensbeziehung zu ihnen schwer, und sie? Sie verstecken das Zeug halt unter dem Fußboden, wenn's sein muss.

Denken Sie doch mal an die Zeit zurück, als Sie selbst Teenager waren und Geheimnisse hatten, von denen Ihre Eltern nichts wissen sollten. Vielleicht haben Sie heute noch bestimmte Dinge, von denen Ihre Eltern lieber nichts wissen sollten? Sehen Sie? Ihre Kinder sind einfach nur ganz normale

Jugendliche. Und solange Sie kein großes Trara um alle ihre ganz normalen Teenager-Angelegenheiten machen, kommen sie eher von selbst und sagen es Ihnen, wenn etwas außer Kontrolle gerät oder wenn sie ein wirklich ernstes Problem haben. Und das ist das, was wirklich zählt. Wenn Sie so tun, als wäre all das Zeug unter der Matratze ganz normal, wissen sie, dass sie immer mit Ihnen reden können, ohne dass Sie unvernünftig reagieren.

Es hat einfach keinen Sinn, sich Sorgen zu machen. In diesem Stadium sollten Sie sich auf das verlassen, was Sie ihnen in den letzten zwölf Jahren oder so beigebracht haben. Denken Sie an Regel Nr. 72 – je schwerer Sie es ihnen machen, desto schlimmer werden sie. Also machen Sie es ihnen lieber nicht so schwer.

Was das Schöne ist: Die Tatsache, dass Sie nicht unter ihre Matratze schauen und sein Tagebuch nicht lesen, stärkt Ihre Beziehung zu Ihrem pubertierenden Kind. Es wird Sie dafür respektieren, dass Sie seine Privatsphäre achten (natürlich wird es Ihnen das nicht offen sagen) und dafür, dass Sie eine realistische und relativ moderne Einstellung haben und es ungestört so sein lassen, wie es nun mal ist.

TEENAGER HABEN EINFÄLLE, ÜBER DIE SIE LIEBER NICHT SO GENAU BESCHEID WISSEN WOLLEN. DENN WENN SIE BESCHEID WÜSSTEN, WÜRDEN SIE SICH NUR SORGEN MACHEN.

REGEL 75

HINTERHERRENNEN HILFT NIEMANDEM

Sie müssen sich 18 Jahre lang um Ihr Kind kümmern. Zählen Sie mal. Wie lange haben Sie noch Zeit, ihm alles Wichtige beizubringen? Wenn es gegen Null geht, werden sie auf sich allein gestellt sein. Das bedeutet: Bis dahin müssen sie wissen, wie man einkauft, kocht, sauber macht (jedenfalls bis zu einem bestimmten Punkt), wäscht, seine Rechnungen bezahlt, schuldenfrei lebt und so weiter.

Ich kenne Eltern – und ohne sexistisch oder voreingenommen zu sein, muss ich sagen, meist sind es Mütter –, die sich immer noch um ihre Kinder kümmern, auch wenn die schon volljährig sind. Und die Kinder, die nicht dumm sind, lassen es gerne zu. Ich habe einen Freund, der ist schon 35 Jahre alt und bringt seine dreckige Wäsche immer noch zu seiner Mutter zum Waschen. Ich meine, er bringt sie nicht bloß hin, um sich die Waschmaschine seiner Mutter zu leihen und sie selbst zu waschen, was ja noch verständlich wäre, nein, er übergibt seiner Mutter seine Wäsche, die sie für ihn wäscht. Bei diesem „sauberen" Spiel spielen natürlich beide Seiten mit, sonst würde es nicht funktionieren.

ES IST WIE EIN COUNTDOWN: NUR NOCH EIN PAAR JAHRE BIS ZUR SELBSTSTÄNDIGKEIT.

Es ist wie ein Countdown: Nur noch ein paar Jahre bis zur Selbstständigkeit. Wenn Ihr Kind seinen 18. Geburtstag erlebt, ohne jemals eine

Waschmaschine bedient oder selbst ein Essen gekocht zu haben, ist das ihm gegenüber wirklich fair? Vielleicht merkt es selbst gar nicht, was für ein großes Handicap das ist – aber als Eltern, die bewusst die Regeln befolgen wollen, wissen Sie genau, dass man sein Kind nicht auf die wirkliche Welt vorbereitet, indem man es verhätschelt (siehe Regel Nr. 68).

Sie kennen die Stärken und Schwächen Ihres Kindes besser als jeder andere. Denken Sie darüber nach, was es noch lernen sollte und sorgen Sie dafür, dass es das noch lernt. Wenn es im Umgang mit Geld noch unbeleckt und hilflos dasteht, bringen Sie ihm das Haushalten bei. Lassen Sie es eine Woche lang den üblichen Familieneinkauf mit dem dafür normalerweise vorgesehenen Budget tätigen oder einen Handy-Vertrag suchen, der für seine Bedürfnisse ausreicht und einigermaßen günstig ist.

Lassen Sie es eine Woche lang die Wäsche für die ganze Familie waschen (Sie können es ja, damit es nicht zu viel Arbeit wird, zum Ausgleich von anderen Haushaltsdiensten befreien). So lernt es, wie man die Maschine richtig einstellt und was für eine Mühe es ist, jedes einzelne Wäschestück aufzuhängen und danach wieder zusammenzulegen (vielleicht denkt es das nächste Mal zweimal nach, ehe es kaum getragene Sachen in den Korb mit der Schmutzwäsche wirft).

Ältere Jugendliche können Sie damit beauftragen, das Haus zu beaufsichtigen, wenn Sie ein paar Tage weg müssen. Ich weiß, was Sie jetzt denken. Wahrscheinlich müssen Sie Ihrem Sprössling einen guten Anreiz bieten, damit er nicht auf die Idee kommt, in Ihrem Haus eine wilde Party mit allen Freunden zu feiern. Sagen Sie ihm auch, dass Freunde oder Nachbarn ein Auge auf das Haus haben und mal vorbeikommen werden.

Seien Sie erfinderisch darin, ihnen existenzielle Fähigkeiten auf möglichst interessante und unterhaltsame Art zu vermitteln – zumindest so lange unterhaltsam, bis der Lack des Neuen ab ist. Bis dahin sollten die jungen Leute schon etwas gelernt haben.

REGEL 76

LASSEN SIE SICH NICHT VOR DEN D-ZUG SPANNEN

Sie wissen bereits, dass Sie Ihren Kindern erlauben müssen, ihre eigenen Fehler zu machen (Regel Nr. 72). So weit, so gut. Wie viele der folgenden Entscheidungen lassen Sie es selbst treffen?

- Motorrad fahren – ja oder nein?
- Schule schwänzen – ja oder nein?
- Fluchen und unanständige Wörter sagen – ja oder nein?[27]
- Drogen – ja oder nein?
- Rauchen – ja oder nein?
- Sex vor Beendigung des 16. Lebensjahres – ja oder nein?

Sie sehen, jetzt wird's gefährlich. Es wird immer schwieriger, nicht wahr? Dürfen Sie sie wirklich all das tun lassen? Nun, sehen Sie es doch einmal anders herum. Wie können Sie sie daran hindern? Ihre Möglichkeiten, das zu tun, sind heutzutage ziemlich eingeschränkt. Sie können sie anschreien (siehe Regel Nr. 77), aber das juckt sie heute nicht mehr annähernd so wie damals, als sie fünf Jahre alt waren. Und außerdem, sie werden nur umso lauter zurückschreien. Sie können ihnen Hausarrest geben, aber jeder Jugendliche, der ein bisschen Pfeffer in der Hose hat, klettert aus dem Fenster oder gibt sich scheinbar geschlagen, bis Sie ihn wieder herauslassen und macht dann weiter, bloß vorsichtiger, um sich nicht mehr erwischen zu lassen. Sie können sich natürlich weigern, ihnen Geld zu geben, aber sie sind längst alt genug, ihr Geld selbst zu verdienen.

Ich kenne jemanden, dessen Vater ihn tatsächlich enterbt hat (und es handelt sich um eine sehr reiche Familie), nur weil er sich den Kopf rasiert hatte. Selbst die Drohung, ihn endgültig zu enterben, konnte nicht bewirken, dass er sein Haar wieder wachsen ließ. So sind Jugendliche nun mal – wenn ein siebenstelliges Vermögen sie nicht reizt, reizt sie erst recht nichts Anderes. (Übrigens starb der Vater des Jungen leider, bevor es sich wieder soweit beruhigen konnte, ihn wieder als Erben einzusetzen, sodass der Sohn tatsächlich ein Vermögen verlor.)

Ich will damit sagen: Sie haben praktisch keine Wahl. Ihr Teenager wird sich wie ein Teenager benehmen, egal was Sie tun. Sie können das entweder akzeptieren oder dagegen angehen – in letzterem Fall ist es sogar noch wahrscheinlicher, dass Ihr Kind irgendwelche Entscheidungen trifft, mit denen Sie nicht einverstanden sind.

IHR TEENAGER WIRD SICH WIE EIN TEENAGER BENEHMEN, EGAL WAS SIE TUN.

Ach ja, es gibt da noch etwas anderes, was Sie tun können – Ihrem Kind vertrauen. Allen Kids wird etwas angeboten, womit ihre Eltern nicht einverstanden sind – Sex, Zigaretten oder gar Drogen. Aber wenn Sie darauf vertrauen, dass Ihr Kind selbst verantwortungsbewusst entscheidet, stehen die Chancen nicht schlecht, dass das auch funktioniert. Sollte es schiefgehen, dann hätte auch alles andere nicht funktioniert. Glauben Sie mir.

27) Meine Mutter hatte ein gutes System: Wenn man 14 war, durfte man milde Schimpfwörter sagen, wenn man 16 war, auch unanständige wie „ficken“ und mit 18 alles Mögliche. Wir waren sechs Kinder – wie sie das kontrolliert hat, weiß ich nicht, aber sie hat es geschafft.

REGEL 77

HERUMSCHREIEN IST KEINE LÖSUNG

Nehmen wir einmal an, Ihr Kind hätte all das getan, was ich in der letzten Regel aufgezählt habe. Sie sagen, das wäre zu schrecklich, das würden Sie nicht aushalten. Okay. Nehmen wir an, es hat nur ein oder zwei von diesen Dingen getan – und es ist etwas schief gegangen. Es kann schon nicht mehr von den Zigaretten lassen, oder es hat sich eine Geschlechtskrankheit eingefangen oder steht kurz davor, von der Schule zu fliegen. Wollen Sie, dass es dann zu Ihnen kommt, um Sie um Hilfe zu bitten? Ja oder nein?

Natürlich wollen Sie. Keine Frage, Sie wollen Ihrem Kind helfen. Aber sind Sie wirklich sicher, ob es mit seinen Problemen zu Ihnen kommt? Nach welchen Kriterien entscheidet Ihr Kind, ob es sich Ihnen anvertraut oder nicht? Es ist ganz einfach: Es entscheidet je nachdem, wie Sie sich in der Vergangenheit ihm gegenüber verhalten haben, wenn Sie etwas herausgefunden haben. Vielleicht waren es kleinere Verfehlungen, etwa dass es Farbe auf dem guten Bettvorleger verschüttet hat oder dass es behauptet hat, es werde nach der Party heimgebracht und dann doch entgegen Ihrem Wunsch per Anhalter heimgefahren ist.

Wie haben Sie damals reagiert? Haben Sie Ihr Kind angeschrien und ihm gesagt, Sie seien total enttäuscht von ihm und könnten ihm so bald nicht mehr vertrauen? Oder haben Sie die Angelegenheit ruhig und vernünftig mit ihm diskutiert und ihm erklärt, warum Sie sich solche Sorgen gemacht haben?

Das Problem ist: Herumbrüllen, Anschreien und Vorwürfe sind manchmal sehr wohl gerechtfertigt, aber sie haben genau die gegenteilige Wirkung als die, die Sie beabsichtigen. Wenn Sie wollen, dass Ihr Kind bei ernsthaften Problemen zu Ihnen kommt, muss Ihr Kind wissen, dass Sie die Sache ernst nehmen, es aber nicht anschreien. Kann sein, dass Ihnen das nicht gefällt, aber so ist es nun einmal. Sie haben bestimmt genauso gedacht und gefühlt, als Sie in seinem Alter waren. Wenn Ihre Eltern ‚Brüllaffen' waren, haben Sie – da wette ich mit Ihnen – ihnen bestimmt nicht halb so viel erzählt wie Ihre Freunde ihren Eltern, die ruhiger reagierten.
Aller Wahrscheinlichkeit nach weiß Ihr Kind sowieso schon, dass es etwas Falsches oder Dummes gemacht hat und ist entsprechend verlegen oder schämt sich dafür. Da kann es keine Mutter und keinen Vater gebrauchen, die es anschreien und seine Gefühle der Erniedrigung noch verstärken. Wenn Sie aber besonnen reagieren und es nicht zusätzlich demütigen, kann es Ihnen sogar sehr dankbar sein. Sie machen damit Punkte und werden wahrscheinlich eher um Rat gefragt, wenn mal wieder etwas Schlimmes passiert.
Denken Sie daran: Die Kids messen Sie daran, wie Sie heute und morgen und nächsten Monat auf kleinere Vorfälle reagieren. Grundsätzlich sollten Sie, sobald Ihre Kinder ein gewisses Alter erreicht haben, Ihren ganzen Erziehungsstil ändern. Sie können ihnen nicht mehr weiter erzählen, was sie tun müssen, bzw. nicht tun dürfen. Sie müssen sich mehr in einen Mentor und Ratgeber verwandeln. Wenn sie 18 Jahre alt sind, können Sie Ihre Kinder wie erwachsene Menschen behandeln. Natürlich gelten in Ihrem Haus die Regeln, die Sie aufgestellt haben. Sie gelten auch für Ihre Freunde und sogar für Ihre Eltern. Aber Sie haben keine Kontrolle darüber, was Ihre Kinder mit ihrem Leben anstellen; daher hat es auch keinen Sinn, so zu tun, als ob sie noch Kontrolle darüber hätten. Das gilt schon, wenn sie so um die 15 Jahre alt sind. Geben Sie also das Brüllen auf und reden Sie mit ihnen wie mit erwachsenen Menschen. Es kann sehr schwierig werden, aber nur so klappt es.

GRUNDSÄTZLICH SOLLTEN SIE, SOBALD IHRE KINDER EIN GEWISSES ALTER ERREICHT HABEN, IHREN GANZEN ERZIEHUNGSSTIL ÄNDERN.

REGEL 78

ALLES HAT EINEN HAKEN

Eine der wichtigsten Lektionen, die Ihr Kind im Leben zu lernen hat, ist, dass Rechte und Pflichten immer untrennbar miteinander verbunden sind. Es ist Ihre Aufgabe, ihnen das klar zu machen. Oder sollte ich besser sagen, Ihre verdammte Pflicht und Schuldigkeit?

Ein Beispiel: Ihre Kinder dürfen erwarten, dass man sie wie Erwachsene behandelt. Aber sie sollten dann auch wissen, dass damit die Pflicht verbunden ist, sich wie ein Erwachsener zu benehmen. Wenn sie sich vor der Verantwortung drücken wollen, haben sie auch das Recht auf diese Behandlung verwirkt.

Wenn Ihre Kinder erst zu Jugendlichen herangereift sind, ist dieses Grundprinzip wirklich praktisch anwendbar. Für jedes Recht, das sie einfordern (und Jugendliche sind wirklich gut, darin, Rechte einzufordern!), können Sie ihnen die Pflicht, die damit einhergeht, deutlich machen. Freunde von mir dehnen das bis hin zum Thema Taschengeld aus. Ihre Kinder haben ein Anrecht auf einen bestimmten wöchentlichen Geldbetrag, aber ihre Eltern haben ihnen auch erklärt, dass sie im Gegenzug bestimmte Pflichten im Haushalt zu erfüllen haben. Das bedeutet, dass es bestimmte einfache Aufgaben gibt, die sie erledigen müssen, damit im Haus alles glatt läuft – die Küche nach jedem Essen aufräumen, die Unordnung auf ein Mindestmaß beschränkt halten, usw. Wenn die Kids vor dieser Verantwortung kneifen, verlieren sie ihr Taschengeld.

Dasselbe gilt für das Recht, mit Respekt behandelt zu werden. Dazu gehört die Pflicht, andere ebenfalls mit Respekt zu behandeln. Wenn Ihre Kinder

Sie beschimpfen oder anschreien, verlieren sie das Recht auf Ihren Respekt. Sie hören ihnen dann einfach nicht mehr zu (oder tun zumindest so, als würden Sie nichts mehr hören), bis sie es schaffen, Ihnen wieder die nötige Achtung entgegenzubringen.

DIE TEENAGER-JAHRE SIND DIE PERFEKTE CHANCE ZU LERNEN, DASS RECHTE UND PFLICHTEN ZUSAMMENGEHÖREN.

Bevor Ihre Kinder in die große weite Welt hinausgehen, sollten sie diese Dinge lernen. Die Teenager-Jahre sind die perfekte Chance zu lernen, dass Rechte und Pflichten zusammengehören. Alles, was Ihre Kinder haben wollen, hat einen Haken: Respekt, Geld, Unabhängigkeit, Freiheit, Status. Auch die Verantwortung selbst ist nicht ohne Pflichten zu haben.
Im Grunde mögen die Jugendlichen das sogar. Das stimmt wirklich. Warum? Es zeigt ihnen, dass sie Ihnen nicht gleichgültig sind. Wenn Sie Ihren Kindern erklären, sie dürften nur dann lange ausgehen, wenn sie Ihnen sagen, wo sie sind und wann sie voraussichtlich wieder zu Hause sind, freuen sie sich insgeheim, dass sie Ihnen nicht egal sind. Sie werden das natürlich nicht so ohne Weiteres zugeben. Aber sie werden Ihnen sagen, bis wann sie wieder zu Hause sein wollen, denn sie wissen, dass sie sonst nicht mehr länger ausgehen dürfen.
Tun Sie also Ihrem Kind den Gefallen und entlassen Sie es nicht aus seiner Verantwortung. Sagen Sie ihm jedesmal, wenn es etwas von Ihnen will, was Sie im Gegenzug von ihm erwarten. Das zeigt Ihrem Kind, dass Rechte etwas Wertvolles sind, was seinen Preis hat und es bereitet es auf die Zukunft vor. Und es erleichtert Ihnen das Leben ganz erheblich.

REGEL 79

RESPEKTIEREN SIE DAS, WAS IHREM KIND WICHTIG IST

Einer meiner Bekannten bekam als Teenager psychische Probleme. Er hatte die Angewohnheit, so viel Zeit wie möglich in seinem Zimmer Musik zu hören; das war das Einzige, was ihm wirklich Spaß machte. Mit der Zeit wurden die Dinge immer schlimmer. Seine psychischen Probleme verschwanden nicht, sondern wurden eher schlimmer, auch nachdem er das Elternaus verlassen hatte. Erst Jahre später sagte er etwas sehr Interessantes: Er meinte, einer der größten Tiefschläge für sein Selbstvertrauen sei die Tatsache gewesen, dass seine Eltern immer über seine schreckliche Musik gemotzt hätten.

Sie sehen: Wenn Sie die Lieblingsbeschäftigungen Ihrer Kids kritisieren, kritisieren Sie damit auch sie selbst als Person. Ihr Ego und ihr Selbstwertgefühl sind in diesem jungen Alter noch sehr empfindlich, und leicht können Sie ihnen den Eindruck vermitteln, Sie wären mit ihnen nicht einverstanden oder, schlimmer noch, würden sie nicht lieben. Ob es die Musik ist, die sie hören, ihre politischen Ansichten, ihre Art sich zu kleiden oder ihre Entscheidung, fortan vegetarisch zu leben – die jungen Leute sollten wissen, dass Sie sie akzeptieren.

Es ist eines der vielen Paradoxa dieser Altersgruppe: Einerseits wollen sie rebellieren, einen erschrecken und Dinge tun, die einen wirklich vom Stuhl hauen können, andererseits brauchen sie noch Ihre Zustimmung und Ihre Toleranz. Ich weiß, das ist ganz schön verwirrend für Sie, aber für sie selbst ist es noch viel schlimmer. Sie sind in einer Seele und in einem Körper gefangen, die verzweifelt versuchen, den Übergang vom abhängigen Kind zum unabhängigen Erwachsenen hinzubekommen und wissen die halbe Zeit selbst nicht, was sie eigentlich wollen. Eben wollten sie noch so schnell wie möglich erwachsen werden, in der nächsten Minute haben sie schon wieder Angst vor der eigenen Courage und es geht ihnen alles doch viel zu schnell. Sie müssen es einfach nehmen, wie es kommt und mit dem Strom schwimmen.

ICH WEISS, ES IST GANZ SCHÖN VERWIRREND FÜR SIE, ABER FÜR SIE SELBST IST ES NOCH VIEL SCHLIMMER.

Interessieren Sie sich für alles, was ihnen Freude macht. Vielleicht zeigen sie es Ihnen nicht so, aber sie finden das bestimmt cool. Aber übertreiben Sie bitte nicht – es gibt nichts Peinlicheres als einen Vater in den Vierzigern, der behauptet, er fahre auf die neuesten Dancefloor-Hits ab! Zeigen Sie Interesse, aber nicht zu viel. Sie brauchen nicht so zu tun, als seien Sie ein echter Fan ihrer Musik oder ihrer Klamotten, aber Sie sollten sie auch nicht von A bis Z schlecht machen. Wer weiß, vielleicht können Sie auf diese Weise ja viel Neues entdecken, was Ihnen auch gefällt. Das ist eine der schönsten Seiten für Teenager-Eltern: Teenager sind nahe genug am Erwachsenenalter dran, um ziemlich schräge, interessante Hobbies zu haben, und wenn Sie aufgeschlossen sind, können Sie viel von ihnen lernen. Und das sind Sie doch, oder?

REGEL 80

SEIEN SIE VERNÜNFTIG, WENN ES UM SEX GEHT

Nein, ich meine hier nicht Ihr eigenes Verhältnis zum Sex (ich hoffe, das ist einigermaßen gesund). Ich meine Sex im Allgemeinen und im Besonderen, nämlich bei Ihrem Jugendlichen. Vielleicht hat Ihr Kind noch keine sexuelle Erfahrung gemacht (sind Sie sich da so sicher?), aber früher oder später kommt es dazu. Und Sie wollen doch bestimmt, wenn es so weit ist, dass diese Erfahrungen glücklich, sicher und erfüllt zugleich sind, nicht flüchtig, dreckig und chaotisch (obwohl es das meistens ist)?

Was ist wichtig, um Ihrem Teenager gute sexuelle Erlebnisse zu vermitteln? Und was gehört dazu, das berühmte „erste Mal“ so lange hinauszuzögern, bis sie innerlich dazu bereit sind? Die Antwort lautet: Unverkrampft mit dem Thema umgehen. Je mehr Ihr Kind über Sex weiß und je lockerer es darüber sprechen kann, umso eher ist es dazu fähig, nein zu sagen, auf dem Gebrauch eines Kondoms zu bestehen oder die Gefühle seiner Partnerin/seines Partners zu achten.

Sie können ziemlich sicher davon ausgehen: Je mehr Sie daheim miteinander über Sex reden (bzw. über Drogen, Rauchen, Alkohol, usw.), desto selbstbewusster wird Ihr Kind reife Entscheidungen dazu treffen können, wenn es an der Zeit ist. Selbst offene, aufgeschlossene Eltern, die von sich sagen können, sie hätten eine gute Beziehung zu ihrem Sprössling, sagen, dies sei ein besonders heikles Thema, über das sich nur schwer offen diskutieren lässt; auch die Jugendlichen sagen immer wieder, wie schwierig es für sie ist, unverkrampft darüber zu reden. Aber Sie haben die undankbare Aufgabe, zu zeigen, dass es ein absolut normales und akzeptables Gesprächsthema ist.

In der Schule lernt Ihr heranwachsendes Kind, wie Mann und Frau sexuell beschaffen sind, dazu etwas Grundwissen über HIV und Geschlechtskrankheiten und wie man sich ein Kondom überzieht. Aber Ihre Kinder werden darüber mit ihren Altersgenossen nur kichern und nicht wirklich verstehen, dass Sex ein normaler Bestandteil des erwachsenen Lebens ist und ganz vielschichtige Zusammenhänge mit unserem Gefühlsleben hat. Das sollten Sie Ihrem Kind vermitteln – verlassen Sie sich nicht darauf, dass die Schule es tut.

Das bedeutet nicht, dass Sie sich mit Ihrem Kind zu einer förmlichen Besprechung über sexuelle Aufklärung zusammensetzen müssen. Ich selbst habe eines Tages versucht, das Thema ganz förmlich mit einem meiner Kinder zu besprechen – im Nachhinein betrachtet, war es wahrscheinlich schon viel zu spät –, und als ich ihn am Ende fragte, ob er noch etwas darüber wissen wolle, antwortete er: „Nein, danke, Dad. Außerdem, weißt Du, hat sich seit Deiner Zeit einiges geändert.“ Ich war überrascht und wollte Näheres wissen, aber leider ließ er sich kein Wort mehr entlocken.

Es ist nichts zu sagen gegen ein Extra-Gespräch über Sex, wenn Sie es sachlich und offen führen können, aber Sex muss auch Teil der täglichen Unterhaltung sein, wenn das Thema irgendwo angesprochen wird, etwa wenn man miteinander über einen Film diskutiert, über einen Beitrag in den Fernsehnachrichten oder über das Verhalten von Freunden. Wenn das der Fall ist, wechseln Sie nicht hastig das Thema in Gegenwart Ihres Kindes, sondern bleiben Sie ruhig beim Thema und fragen Sie es nach seiner Meinung dazu. Vertreten Sie immer einen verantwortungsbewussten Standpunkt. Damit meine ich nicht unbedingt „keinen Sex vor der Ehe“ ich meine, machen Sie ihm klar, dass es nicht richtig ist, mit den Gefühlen von Menschen zu spielen oder deren Gesundheit zu riskieren.

VERTRETEN SIE IMMER EINEN VERANTWORTUNGSBEWUSSTEN STANDPUNKT.

REGELN FÜR KRISENZEITEN

Es wäre ja zu schön, wenn Sie Ihre Kinder durch die ersten 18 Jahres ihres Lebens hindurch brächten, ohne jemals eine echte Krise durchstehen zu müssen. Aber leider ist das nur sehr wenigen Eltern vergönnt. Solche Krisen können sein: Scheidung, schwere Krankheit, finanzielles Desaster, der Tod eines Familienmitglieds, ernsthaftes Mobbing in der Schule, Kündigung eines Elternteils, Aufgabe des Hauses. Situationen wie diese sind nicht nur für Sie als Elternteil ein großes Problem, sondern auch Grund zur Sorge, was Ihr Kind anbelangt. Vielleicht haben Sie im Alltag hervorragende Strategien, Techniken, Verhaltensmaßregeln und Richtlinien parat, mit deren Hilfe Sie die meisten normalen Sorgen zusammen mit Ihren Kindern umschiffen können. Aber wenn eine ernste Krise kommt, sind Sie trotzdem oft völlig unvorbereitet und die normalen Bewältigungsmethoden reichen anscheinend nicht mehr aus. Außerdem kann es sein, dass Sie selbst sich plötzlich in einem Zustand von Schock, Panik oder Depression befinden und auf einmal ganz allein mit den Kindern dastehen und auf etwas fremde Hilfe angewiesen sind, um da durchzukommen.
Hier sind ein paar Regeln, die Ihnen, wenn es zum Schlimmsten kommt, helfen sollen, die Situation zu meistern und Ihnen die Sicherheit geben sollen, dass Sie noch auf dem richtigen Weg sind. Sie werden die Situation durchstehen, schon allein deswegen, weil Sie keine andere Wahl haben, und Ihre Kinder werden daraus für ihr Leben lernen. Sie können dafür sorgen, dass sie gestärkt und mit mehr Verständnis für die Probleme anderer daraus hervorgehen, weil sie selbst am eigenen Leib erfahren haben, wie man's schafft.

REGEL 81

VERWENDEN SIE IHRE KINDER NICHT ALS MUNITION

Diese Regel gilt natürlich speziell für Eltern, die eine Trennung oder Scheidung durchmachen müssen; in diese Falle können Sie aber auch leicht tappen, wenn Ihre Beziehung anderweitig belastet ist. Wenn Ihre Emotionen hochschlagen, erscheint alles emotional aufgeladen. Egal, ob Sie seelisch durcheinander sind, verzweifelt in Sorge sind, ernsthaft deprimiert oder unsäglich traurig sind – jedesmal, wenn Sie sich ärgern, ärgern Sie sich dann gleich so sehr, dass Sie leicht die Beherrschung verlieren. Das kann ständig vorkommen oder nur gelegentlich, Aber wenn man richtig wütend ist, fühlt man sich gezwungen, jedes Argument und jede Taktik zu Hilfe zu nehmen, die einem nur einfallen.

Leider ist eines der stärksten, zugkräftigsten taktischen Mittel, die man anwenden kann, die Liebe Ihres Partners (oder Ex-Partners) zu seinen Kindern. Zu Ihren Kindern. Vielleicht haben Sie die Macht, ihm den Zugang zu ihnen zu verweigern. Oder Sie gestatten ihm nur dann, sie zu sehen, wenn es ihm gerade zeitlich gar nicht passt. Oder Sie geben ihm nur ganz kurzfristig Nachricht, was Sie planen. Oder Sie lassen sogar kleine, böse Bemerkungen fallen, die dazu angetan sind, die Sympathie Ihrer gemeinsamen Kinder für Ihren Partner zu untergraben. Oder Sie lassen Ihre Kinder ganz subtil wissen, dass Ihr Glück von ihnen abhängt.

Vielleicht ist es Ihnen selbst so ergangen, dass Ihre Partnerin, bzw. Ihr Partner einige dieser Mittelchen bereits gegen Sie angewendet hat.

Das macht die Versuchung noch größer, nun Ihrerseits den Spieß umzudrehen. Schließlich haben doch die anderen angefangen und nicht Sie, oder? Aber ist es denn so wichtig, wer damit angefangen hat? Ich meine nicht, ob es Ihnen wichtig ist, sondern ob es den Kindern wichtig ist, wer von Ihnen beiden angefangen hat? Sie wollen nur, dass es wieder aufhört. Kinder sind keine Dummköpfe. Sie wissen, was läuft, zumindest teilweise. Sie wissen auch, dass sie zwischen den Stühlen sitzen, zwischen zwei Eltern, die sie beide lieben, und die Situation ist auch ohne diese Machtspielchen schon verfahren genug. Was sie nicht wissen, ist, wie man mit ernsthaften Konflikten umgeht, aber sie lernen es schnell, indem sie Sie und den anderen Elternteil dabei beobachten. Sind Sie sicher, dass das, was Sie ihnen da vorführen, auf Ihre Kinder so lehrreich wirkt, wie Sie es gern hätten?

Es ist unglaublich schwer, diese Spielchen zu vermeiden, wenn Ihre Partnerin, bzw. Ihr Partner, bzw. Ihr/e Ex schon damit angefangen haben. Aber Sie sollten der Versuchung unbedingt widerstehen. Es ist ganz wichtig, dass Sie sich moralisch integer verhalten (siehe Regel Nr. 88 meines Buches „Die Regeln des Lebens“). Ja, ich weiß, es ist genauso schwierig, das zu tun, wie es wichtig ist, aber Sie sind doch ein Mensch, der die Regeln befolgen möchte und können es bestimmt schaffen. Sie müssen es einfach schaffen. Kontern Sie jeden kriegerischen oder heimtückischen Angriff mit stoischer Ruhe, mit Ehrlichkeit, Anständigkeit und Integrität. Benehmen Sie sie so, dass Sie auf sich selbst stolz sein können.

ABER IST ES DENN SO WICHTIG, WER DAMIT ANGEFANGEN HAT? ICH MEINE NICHT, OB ES IHNEN WICHTIG IST, SONDERN OB ES DEN KINDERN WICHTIG IST, WER VON IHNEN BEIDEN ANGEFANGEN HAT?

Eine meiner Freundinnen, die glücklicherweise zufällig eine vorbildliche Regelbefolgerin ist, machte in ihrer Beziehung zu ihrem Ehemann eine sehr schwere Phase durch. Eines Tages sagte ihr Sohn plötzlich, sein Vater habe ihm versprochen, er könne zu seinem 14. Geburtstag ein Motocross-Motorrad bekommen, und das, obwohl sich beide Eltern zuvor einig gewesen waren, dass es das erst zu seinem 18. Geburtstag geben sollte. Es war ganz klar ein Trick des Ehemannes, um sie gegen sich aufzubringen und sich die Zuneigung seines Sohnes zu erkaufen. Meine Freundin war so frustriert – sie hätte ihrem Sohn am liebsten deutlich gesagt, was sie von seinem Vater hielt. Stattdessen sagte sie nichts zu ihm, obwohl es sie extrem viel Selbstüberwindung kostete, aber sie sprach unter vier Augen mit ihrem Ehemann. Unter Anwendung all ihrer Diplomatie biss sie sich auf die Zunge und erreichte zumindest den Kompromiss, dass ihr Sohn die Maschine erst zum 16. Geburtstag bekommen sollte, aber ihr Mann den Jungen bis dahin wenigstens ein Wochenende pro Monat zu Motocross-Rennen mitnehmen durfte.

Was haben Sie davon? Nun, dass Ihre Kinder – vielleicht nicht heute, aber eines Tages – verstehen werden, dass Sie es für sie getan haben. Es festigt Ihre Beziehung zu ihnen, und was das Beste ist, es macht sie viel, viel glücklicher als die Alternative. Und das ist doch bestimmt auch für Sie ein besseres Gefühl als die kleinliche Genugtuung, die Sie hätten, wenn Sie Ihrem Partner eins auswischen könnten, nicht wahr?

REGEL 82

LASSEN SIE IHRE KINDER IHRE PROBLEME AUF IHRE EIGENE ART BEWÄLTIGEN

Als ich mich vor vielen Jahren von meiner ersten Frau scheiden ließ, stand ich als alleinerziehender Vater mit fast leeren Händen da. Die Kinder und ich lebten in einem gemieteten Haus mit sehr wenigen Möbeln. Eines Abends sprach ich mit einem meiner Söhne. Wir saßen beide auf Umzugskisten, und ich fühlte mich plötzlich sehr schuldig an dem, was die Kinder und ich zurzeit durchmachen mussten. Ich sagte zu ihm: „Es tut mir wirklich leid, Kumpel. Es tut mir leid, dass Du all das hier mitmachen musst." Wissen Sie, was er mir antwortete? Er sagte: „Nein, Dad. Es ist gut so! Es macht mir wirklich Spaß!"

Natürlich meinte er damit nicht, dass er es toll fand, dass seine Eltern auseinandergingen. Aber während ich mir ernsthaft Sorgen machte wegen unserer bescheidenen Lebensumstände, fühlte er sich wie auf einem unbefristeten Campingurlaub. Ich hatte angenommen, er würde ähnlich fühlen wie ich, aber da hatte ich mich wohl getäuscht.

Es kann auch ganz anders sein. Manchmal empfinden Kinder Dinge viel intensiver als wir. Erinnern Sie sich daran, dass Sie Hänseleien in der Schule ganz locker an sich abprallen ließen. Aber das muss nicht heißen, dass Ihr Kind das ähnlich locker sieht. Vielleicht macht es Ihnen nicht viel aus, wegen eines neuen Jobs umziehen zu müssen, aber Ihre jugendliche Tochter ist am Boden zerstört. Ihr emotionales Trauma kann echt sein, und Sie sollten es ernst nehmen. Es reicht nicht, ihr zu sagen, sie solle sich nicht so anstellen oder sie werde schon wieder neue Freundinnen finden und es gebe ja immer noch E-Mail, Message-Dienste und SMS („wir hatten das alles nicht, als ich so alt war wie Du“).

Wenn Sie sich mit den Emotionen Ihres Kindes befassen müssen, insbesondere in Krisenzeiten, ist es völlig unerheblich, wie Sie sich gerade fühlen. Seine Gefühle sind das Einzige, was dann zählt. Konzentrieren Sie sich auf Ihr Kind und vergessen Sie sich selbst. Ich habe eine sehr liebe Freundin, deren Partner plötzlich starb. Die Kinder reagierten, als sie es ihnen erzählte, mit unterschiedlichen Graden von Betroffenheit und Trauer, aber später am gleichen Tag lachten und spielten sie wieder miteinander. Meine Freundin sagte mir, es hätte ihr anfangs fast ebenso weh getan, die Kinder glücklich zu sehen, wie es ihr wehtat, sie unglücklich zu sehen. Aber Kinder gehen nun einmal ganz anders mit Kummer um als wir Erwachsenen und es hat keinen Sinn zu erwarten, dass sie darauf ähnlich reagieren wie Sie.

Wenn es um die großen Fragen im Leben geht, erwarten Sie lieber nicht, dass Ihre Kinder sie so oder so bewältigen werden. Lassen Sie sich von ihnen erklären, wie sie sich fühlen und gehen Sie nicht einfach davon aus, dass sie dieselbe Hilfe brauchen, die Sie brauchen würden. Vielleicht wollen sie lieber von Freunden umgeben sein, während Sie lieber allein sein würden. Vielleicht wollen sie doch den Urlaub machen, den Sie jetzt so unerträglich finden oder die Party absagen, mit der Sie sich eigentlich ablenken wollten. Wenn Sie mehr als ein Kind haben, kann es gut sein, dass jedes von ihnen ganz andere Gefühle hegt. All das kann zu ganz unterschiedlichen Entscheidungen und Kompromisslösungen führen, und nur Sie können entscheiden, ob Sie es auf Ihre Art oder auf die Ihrer Kinder regeln, wenn es Konflikte gibt. Das Wesentliche ist, dass Sie ihre Gefühle und ihre Bewältigungsstrategien genauso ernst nehmen wie Ihre eigenen oder die anderer Leute.

LASSEN SIE SICH VON IHNEN ERKLÄREN,
WIE SIE SICH FÜHLEN UND GEHEN SIE NICHT
EINFACH DAVON AUS, DASS SIE DIESELBE
HILFE BRAUCHEN, DIE SIE BRAUCHEN.

REGEL 83

WER JÜNGER IST, IST DESHALB NICHT UNBEDINGT SCHNELLER

Es gibt eine seltsame Art zu denken, auf die ich schon des Öfteren gestoßen bin. Es ist die Meinung, Kinder kämen schneller über Dinge hinweg als wir Erwachsenen. Ich habe keine Ahnung, woher dieses Vorurteil kommt, aber ich weiß, dass es der reine Blödsinn ist.

Natürlich gibt es Kinder, die über manches schneller hinwegkommen als viele Erwachsene. Aber Kinder müssen, auch wenn sie älter werden, mit höherer Wahrscheinlichkeit erlittene Traumata noch mal durchleben als wir. Sie sind noch in der Entwicklung begriffen und Ereignisse aus ihrer Vergangenheit können später eine unterschiedliche Bedeutung annehmen. Ein Kind, das anfangs ganz gut mit dem Tod eines Familienmitglieds zurechtzukommen schien, kann ein paar Jahre später deswegen schweren Kummer in sich tragen. Oder sie hoffen insgeheim immer noch, dass ihre Eltern wieder zusammenkommen und sind jedesmal am Boden zerstört, wenn etwas geschieht, das diese Hoffnung wieder in weite Ferne rückt.

Wir Erwachsenen sind nicht perfekt, ganz und gar nicht, aber die meisten von uns schaffen es in der Regel, Dinge einmal zu bewältigen und sie durchzuarbeiten, um dann wieder gestärkt daraus hervorzugehen. Trauer oder Schmerz werden uns nie mehr ganz loslassen, aber wir lernen, mit ihnen zu leben. Für Heranwachsende ist es viel schwieriger. Da sie sich ständig verändern, können Ereignisse aus ihrer Vergangenheit bei ihnen emotional wiederholt „anklopfen". Vielleicht erholen sie sich schneller als wir von dem anfänglichen Schock (vielleicht auch nicht), aber sie sind noch wenig erfahren im Umgang mit ihren eigenen Gefühlen und können länger brauchen als wir, um festzustellen, wie sie sich fühlen und was sie da am besten tun sollen.

Ich halte also gar nichts von dem Unsinn, Kinder würden schneller über Dinge hinwegkommen als Erwachsene. Eltern, die sich an die Regeln halten, wissen es besser, also wehren Sie sich offen gegen solch absurde Plattitüden.

> WIR ERWACHSENEN SIND NICHT PERFEKT, GANZ UND GAR NICHT, ABER DIE MEISTEN VON UNS SCHAFFEN ES IN DER REGEL, DINGE EINMAL ZU BEWÄLTIGEN UND SIE DURCHZUARBEITEN, UM DANN WIEDER GESTÄRKT DARAUS HERVORZUGEHEN.

Ihre Kinder werden Ihre Hilfe brauchen. Wenn Sie zum Beispiel einen plötzlichen finanziellen Statusverlust erleiden, kann das große Auswirkungen auf Ihre Kinder haben. Sie können dann von einem Tag auf den anderen nicht mehr mit ihren gleichaltrigen Freunden mithalten, was ihren Status angeht – Urlaub, Sporttrainer, Handys, mit welchem Auto sie von der Schule abgeholt werden. Für manche Kids kann das ganz schlimm sein. Sie versuchen verzweifelt, mit einem sehr viel geringeren Budget zurechtzukommen, während Ihr Kind unter Umständen viele seiner Freunde, sein Selbstvertrauen, seinen Status, seine Würde und obendrein den Urlaub verliert. Es dauert, bis man sich von so einem Schock wieder erholt, selbst wenn die Familie vielleicht schon bald finanziell wieder besser dasteht.

Zeigen Sie Ihren Kindern, dass Sie dafür Verständnis haben, dass ihre Gefühle und Probleme vielleicht ganz andere sind als Ihre und dass Sie sie deswegen nicht weniger ernst nehmen als Ihre eigenen Sorgen. Sie können ihnen nicht ihr Taschengeld zurückgeben, nicht ihr glücklich verheiratetes Elternhaus ersetzen, erst recht nicht ihr verstorbenes Geschwister oder Familienmitglied, ihre Gesundheit oder was auch immer es ist, das sie verloren haben, aber Sie können ihnen zeigen, dass Sie sie ernst nehmen und dass Sie nicht von ihnen erwarten, dass sie es schneller bewältigen, als sie es nun einmal von Natur aus können.

REGEL 84

DAS NACHBEBEN KANN EWIG ANDAUERN

Natürlich sollten Ihre Kinder irgendwann schon über eine Krise hinwegkommen oder sich zumindest mit den neuen Verhältnissen abfinden. Irgendwann müssen sie – wie alle anderen – akzeptieren, dass ihre Eltern geschieden sind oder dass jemand aus ihrem Umfeld gestorben ist. Wenn sie eine Krankheit oder Verletzung überstanden haben, werden sie eines Tages auch lernen, damit umzugehen, dass sie ein Körperteil verloren haben oder nicht mehr alles essen können, was ihre Freunde essen können. Wenn sie mit Ihnen zusammen aus ihrer vertrauten Umgebung wegziehen mussten, werden sie früher oder später neue Freunde finden und sich in ihrer neuen Schule einleben.

Aber das bedeutet nicht, dass jetzt alles überstanden ist. Manche Krisen gehen an einem vorüber, ohne einen tiefgreifend zu verändern, die meisten jedoch machen einen zu einem anderen Menschen als dem, der man zuvor war. Manchmal verändern sie einen sehr stark. Selbst wenn ein Kind den Verlust der Mutter oder des Vaters irgendwie verarbeitet hat – so gut man das überhaupt kann –, wird es doch für immer ohne Mutter oder Vater aufwachsen müssen. Das unterscheidet es von den meisten seiner Altersgenossen und wird ihm, über das ursprüngliche Trauma hinaus, ein Leben lang unzählige Nachteile einbringen. Jeder Schulsporttag, jede Preisverleihung wird anders sein, bei jedem Geburtstag, an jedem Heiligabend, bei jeder Familienfeier fehlt jemand.

Dasselbe gilt für Scheidungen. Nur weil Ihr Kind jetzt akzeptiert, dass Sie nicht mehr zusammen sind und vielleicht sogar erleichtert darüber ist, jetzt nicht mehr in den emotionalen Konflikt hineingezogen zu werden, muss es trotzdem den Rest seiner Kindheit mit Eltern verbringen, die in getrennten Häusern wohnen und sich nicht mehr so gut verstehen, wie es früher der Fall war. Auch die Urlaube werden nicht mehr dieselben sein wie früher. Wenn Schulaufführungen sind, müssen delikate Arrangements getroffen werden, damit sich die Eltern nicht direkt begegnen, und wenn sie es doch tun, kann es für alle Seiten peinlich werden. Und Ihr Kind wird sich daran gewöhnen müssen, dass Sie beide jetzt neue Partner haben, vielleicht bekommt es sogar ganz neue Stiefeltern.
Vielleicht hatte Ihr Kind auch eine Krankheit oder Verletzung zu überstehen. Ich kenne einen Dreijährigen, dessen Bein nach einem Autounfall amputiert werden musste. Er schien das Ganze bemerkenswert gut und mit großer Tapferkeit wegzustecken, aber er wird ein Leben lang mit nur einem Bein herumlaufen müssen. Das wirkt sich auf eine Vielzahl an Aktivitäten aus, an denen er teilnehmen wird – sei es, dass er gar nicht daran teilnehmen kann oder dass er versucht, jeden anderen auszustechen, um ihnen etwas zu beweisen – und es kann ihn, wenn er älter wird, zum Gespött seiner Klassenkameraden machen oder dazu führen, dass man ihn schont und ihm nicht ehrlich die Meinung sagt. Was auch immer die Folgen sind, egal ob positiv oder negativ, er wird auf jeden Fall anders aufwachsen als mit zwei gesunden Beinen.
Als Elternteil wird Ihnen, oft schmerzvoll, bewusst, welche langfristigen Folgen Ihrem Kind drohen. Aber nicht jeder andere begreift das, und das hinzunehmen kann einem schwer fallen. Manchmal müssen Sie andere Leute darauf hinweisen (vielleicht gerade dann, wenn Sie denken: „Warum bleibt mir das nicht erspart?"), manchmal müssen Sie Ihrem Kind besonders viel Unterstützung geben und es spüren lassen, dass Sie Bescheid wissen. Große Krisen können Ihr Kind unter Umständen ein Leben lang beeinträchtigen, aber glauben Sie mir, manche dieser Veränderungen können auch positiver Natur sein, auch wenn die sie auslösende Situation eine

schlimme war. Ihr Kind kann nach Krisen unabhängiger oder einfühlsamer oder widerstandsfähiger werden, und das kann durchaus auch zu seinem Besten sein.

> MANCHE KRISEN GEHEN AN EINEM VORÜBER,
> OHNE EINEN TIEFGREIFEND ZU VERÄNDERN,
> DIE MEISTEN JEDOCH MACHEN EINEN
> ZU EINEM ANDEREN MENSCHEN ALS DEM,
> DER MAN ZUVOR WAR.

REGEL 85

SAGEN SIE IHREN KINDERN, WAS LOS IST

Kinder sind manchmal sehr naiv. Das ist auch kein Wunder. Vor allem kleine Kinder wissen oder verstehen manchmal nicht, was eine Scheidung, ein Bankrott oder ein Todesfall bedeuten. Andererseits sind sie aber unheimlich clever, wenn es darum geht, Stimmungen und Emotionen aufzuschnappen. Sie spüren es, wenn sich irgendwo was zusammenbraut, auch wenn sie nicht immer wissen, was.

Egal ob jemand in der Familie eine schreckliche Krankheit hat oder ob Sie und Ihre Partnerin Streit haben (sei es in Gegenwart der Kinder oder in deren Abwesenheit) oder ob Sie sich ernsthaft um Ihr Geld oder Ihren Arbeitsplatz sorgen – Ihre Kinder spüren es. Natürlich kennen sie die Details nicht – es sei denn, Sie erzählen sie ihnen –, aber sie erfassen das Wesentliche.

Deshalb sollten Sie es ihnen sagen. Sonst haben sie keine andere Wahl, als selbst Erklärungen dafür zu erfinden, und die sind oft schlimmer als die Wirklichkeit. Vielleicht deuten Ihre Teenager Auseinandersetzungen zwischen ihren Eltern und eine aufgeladene Stimmung vorschnell als Vorboten einer Scheidung, und dabei haben Sie sich nur übers liebe Geld gestritten, ohne überhaupt an eine Scheidung zu denken. Oder sie haben mitbekommen, dass jemand in der Familie schwer krank ist und meinen, es wären Sie selbst, und in Wirklichkeit ist es ihre Großmutter oder ihr Großvater. Das ist schon schlimm genug, aber aus ihrer Sicht viel, viel harmloser, als wenn Sie selbst dem Tode nahe wären.

Wenn Sie ihren Kindern nicht sagen, dass sich Unheil ankündigt, machen Sie dadurch alles nur noch schlimmer. Sie können es sowieso nicht vor ihnen geheim halten, also versuchen Sie es besser erst gar nicht. Natürlich müssen Sie ihnen nicht alles haarklein auf die Nase binden, wenn es nicht für ihre Ohren geeignet ist, aber geben Sie ihnen zumindest die wichtigsten Informationen.
Was Sie ihnen erzählen und wann, bleibt Ihrem Urteilsvermögen überlassen, und auch ihr Alter spielt dabei natürlich eine wichtige Rolle. Einem zwei Jahre alten Kind können Sie nicht so viel offenbaren wie einem 15-Jährigen. Am besten ist, Sie erzählen ihnen nur das Minimale und antworten dann auf ihre Fragen. Je älter sie sind, desto mehr Fragen werden sie Ihnen wahrscheinlich stellen. Wenn die Situation wirklich emotional aufwühlend und schmerzhaft für sie ist, sagen Sie ihnen nur das, wonach sie fragen – wahrscheinlich fragen sie deswegen nicht weiter nach, weil sie zu viel gar nicht auf einmal verarbeiten können. Wenn sie etwas wissen wollen, werden sie schon danach fragen.

WENN SIE IHREN KINDERN NICHT SAGEN, DASS SICH UNHEIL ANKÜNDIGT, MACHEN SIE DADURCH ALLES NUR NOCH SCHLIMMER.

Was nun den Zeitpunkt Ihrer Erklärungen anbelangt, ist es dann am besten, wenn sie bemerkt haben, dass etwas im Busch ist. Reden Sie sich nicht ein, sie hätten nichts gemerkt, nur weil Sie das Thema nicht gerne ansprechen wollen – seien Sie brutal ehrlich zu sich selbst. Ältere Kinder können Ihnen viele Hinweise geben, von schnippischen Kommentaren nach dem Motto „Ich erfahre es wohl wieder mal als Letzter“ bis hin zu der direkten Frage: „Ist alles in Ordnung?“ Und wenn schlimme Nachrichten unvermeidbar sind – wenn beispielsweise jemand aus der Familie todkrank ist –, geben Sie ihnen lieber Zeit, sich an den Gedanken zu gewöhnen, als es ihnen erst in letzter Minute zu sagen.

Die besten Eltern, die ich kenne, machen es sich zum Prinzip, nichts vor ihren Kindern zu verbergen; sie teilen ihnen stattdessen das Notwendigste mit und belassen es bei einem offenen, einfachen Bericht, was los ist. Natürlich liegt es ganz bei Ihnen, wie Sie das handhaben. Sie können versuchen, Unangenehmes so lange wie möglich von ihnen fernzuhalten, aber es kann passieren, dass sie es letztlich doch irgendwie herauskriegen und dass es für sie wesentlich härter wird, wenn sie es plötzlich erfahren und nicht schonend von Ihnen darauf vorbereitet wurden. Ihre Kinder sind ein Teil der Familie, und alles, was die Familie betrifft, geht auch sie etwas an. Ich finde, sie haben ein Recht darauf, es zu erfahren.

REGEL 86

BRINGEN SIE IHREN KINDERN BEI, WIE MAN AUCH IM SCHEITERN ERFOLGREICH SEIN KANN

Niemand versagt gerne, aber für Kinder kann das manchmal schlimmer sein als für uns Erwachsene. Es ist eine traurige Tatsache, dass manche Kinder so weit gehen, sich aus Angst, bei Prüfungen zu versagen, umzubringen, obwohl wir Erwachsene doch wissen, dass es nicht so schlimm ist, bei einer Prüfung durchzufallen. Früher oder später wird auch Ihr Kind bei irgendeiner Anforderung versagen. Vielleicht ist es ja gut im Bestehen von Prüfungen, fällt aber unvermutet bei der Führerscheinprüfung durch, oder es kommt nicht in die ersehnte Fußball-Auswahlmannschaft oder bekommt mitgeteilt, es könne in der Band seiner Freunde nicht mitspielen, weil es nicht gut genug singen könne (ist mir selbst schon so gegangen).
Nun, Sie wissen, dass das nicht das Ende der Welt bedeutet. Aber diese Regel steht nicht umsonst in der Krisen-Abteilung, denn für Ihr Kind kann das sehr wohl eine schwere Krise sein. Und sollte es gerade seine kompletten Mittlere-Reife-Prüfungen in den Sand gesetzt haben, kann es auch eine Krise für Sie werden. Aber selbst für den Fall, dass Sie insgeheim froh sein sollten, dass sie es nicht ins Rugby-Team geschafft haben, sollten Sie es aus der Warte Ihres Kindes sehen, wenn Sie ihm dabei helfen wollen, die Krise zu bewältigen.

Wenn Sie Ihrem Kind sagen, es sei nicht so wichtig, im Grunde sei es doch egal und es könne die Prüfung ja nächstes Mal nachholen oder es könne dafür andere Dinge machen, sagen Sie ihm damit nichts anderes, als dass Sie seine Gefühle unangemessen finden und es sich nicht so anstellen soll. Wenn Sie seine Gefühle klein reden, ist es verletzt und fühlt sich einsam. Es denkt dann bestimmt nicht: „Ach ja, klar, wie dumm von mir. So wichtig ist es ja nun auch wieder nicht."

Was sollten Sie am besten tun? Ihrem Kind sagen, dass es sich zu Recht am Boden zerstört fühlen soll und dass das Ende der Welt naht? Nicht ganz, aber fast. Sagen Sie ihm, dass Sie gut verstehen können, dass es so niedergeschlagen ist und dass es Sie nicht erstaunt, es so traurig zu sehen. Seien Sie mitfühlend und verständnisvoll. Sie wissen schon, was ich meine – ein paar Umarmungen und ein paar Tassen Tee. Und, wenn Sie einen haben, einen Schokoladenkeks dazu. Vielleicht kochen Sie dem Kind sein Leibgericht, um ihm zu zeigen, dass Sie es trösten wollen. Wenn Sie ihm erlaubt haben, sich eine Zeitlang miserabel zu fühlen, kommt es schon von selbst aus dem Jammertal heraus, und sobald sie so weit sind, können Sie ihm dabei helfen, wieder auf die Beine zu kommen und ihm einen Ausgleich anbieten – aber erst dann, wenn es bereit ist, Ihnen wieder richtig zuzuhören.

Ob Ihr Fünfjähriger den ersten Platz beim Schulsporttag knapp verpasst hat oder Ihr 17-Jähriger die Eingangsprüfung zur Universität vergeigt hat – wenn sie es als Krise ansehen, sollten Sie das auch tun.

WENN SIE SEINE GEFÜHLE KLEIN REDEN, IST IHR KIND VERLETZT UND FÜHLT SICH EINSAM.

REGEL 87

DER KLÜGERE GIBT NACH

Eine Scheidung ihrer Eltern ist vielleicht die häufigste größere Krise für Kinder, zumindest in der westlichen Welt, und diese Regel richtet sich speziell an Eltern, die im Begriff stehen, sich scheiden zu lassen, bzw. sich zu trennen, falls sie nicht verheiratet sind. Es ist sehr leicht, eine Scheidung als etwas anzusehen, das sich zwischen zwei Menschen abspielt, die bisher zusammengelebt haben und nun getrennte Wege gehen wollen. Natürlich ist Ihnen bewusst, dass Ihre Kinder dabei schon eine Rolle spielen, aber Sie sind vielleicht versucht zu denken, Ihre Kinder gehörten zu einer anderen, ferneren Dimension des Problems.

Realistischer ist es, wenn Sie eine Scheidung als etwas ansehen, das die ganze Familie betrifft – die Kinder genauso wie jeden von Ihnen beiden. Die Kinder sind zwar nicht diejenigen, die die Entscheidungen treffen, aber sie sind genauso betroffen. Was noch dazu kommt: Wie schlimm eine Scheidung oder Trennung auch ist, die meisten Eltern entscheiden sich dafür, weil es für sie auf jeden Fall besser ist, als weiterhin zusammenzuleben. Für die Kinder jedoch ist die Trennung ihrer Eltern gar kein Vorteil. Im Gegenteil, sie erscheint ihnen als die schlimmste Lösung von allen.

Daher ist es ganz wichtig, die Scheidung so erträglich wie möglich für Ihre Kinder zu gestalten, die hilflos im Kreuzfeuer Ihrer Entscheidungen stehen. Das Beste, was sie für Ihre Kinder tun können, ist möglichst viel Übereinstimmung mit Ihrem Partner zu suchen. Egal ob Sie darüber diskutieren, wer was bekommt, was aus dem Haus wird, wer das Sorgerecht für die Kinder bekommt oder was auch immer – tun Sie Ihr Möglichstes, um Übereinstimmung zu erzielen. Damit meine ich: Stimmen Sie selbst dann zu, wenn Sie etwas für ungerecht halten.

Es kann schon sein, dass Sie im Recht sind, wenn Sie Ihren Ex-Partner verklagen, wenn Sie um jeden Penny streiten, der ihm oder ihr gehört, wenn Sie das Haus verlangen oder verlangen, dass der andere mehr von seinem Einkommen an Sie abgibt ... aber nichts von alledem ist so wichtig, wie zu einer Übereinkunft mit diesem Menschen zu kommen, eine Kompromisslösung zu finden, die für beide Seiten tragbar ist und es den Kindern zu ermöglichen, ihr Leben in Ruhe den veränderten Umständen anzupassen.

Diese Regel kann für Sie sehr schwierig sein, insbesondere wenn Sie sich – vermutlich völlig zu Recht – persönlich entsetzlich mies behandelt fühlen und von Ihrer Ex-Partnerin, bzw. Ihrem Ex-Partner gedemütigt wurden. Ich weiß, Gerechtigkeit und Rache können sehr süß schmecken, aber sie sind es sicher nicht wert, wenn sie auf Kosten Ihrer Kinder gehen, nicht wahr? Dies ist eines der Merkmale, die die Eltern, die sich an die Regeln halten wollen, eindeutig von den übrigen Eltern unterscheiden. Bevor Sie vorschnell etwas Unüberlegtes tun oder sagen, halten Sie einen Moment lang inne und denken Sie darüber nach, ob es Ihren Kindern wirklich hilft. Wenn Sie diese Frage nicht ehrlich mit Ja beantworten können, dann unterlassen Sie es lieber.

GERECHTIGKEIT UND RACHE KÖNNEN SEHR SÜSS SCHMECKEN, ABER SIE SIND ES NICHT WERT, WENN SIE AUF KOSTEN IHRER KINDER GEHEN.

REGEL 88

ENTSCHEIDEND IST, WIE SIE HANDELN, NICHT WAS SIE SAGEN

Diese Regel gilt nicht nur in einer Krisensituation, aber dann besonders. Sie wissen, dass man sagt, Kinder hören nie zu? Das stimmt nicht, aber es stimmt, dass Kinder weniger auf Ihre Worte achten als darauf, wie Sie sich verhalten. Kinder können Heuchelei 100 Meilen gegen den Wind riechen und lassen sie nicht durchgehen. Sie beurteilen Sie nach Ihrem Handeln. Ich spreche hier nicht nur über negative Worte und Handlungen. Ich gebe Ihnen ein Beispiel: Nehmen wir an, Sie sind so vernünftig zu verstehen, dass es gut ist, Ihren Gefühlen freien Lauf zu lassen und auch einmal zu weinen. Sie können Ihren Kindern so viel erzählen, wie Sie wollen, aber wenn sie sehen, dass Sie durch dasselbe Trauma wie sie gehen und niemals weinen, werden sie es viel schwerer finden, Ihren Worten Glauben zu schenken, als wenn Sie sie durch entsprechendes Handeln unterstreichen. Wenn es in Ordnung ist, zu weinen (und das ist es selbstverständlich), zeigen Sie Ihre Gefühle ruhig. Lassen Sie sie sehen, dass Sie Tränen in den Augen haben, sich aber nicht dessen schämen.

IHRE KINDER WERDEN BEOBACHTEN, WIE SIE SICH IN SCHWIERIGEN SITUATIONEN VERHALTEN UND WERDEN DAS ALS RICHTSCHNUR NEHMEN.

Freunde von mir hatten vor ein paar Jahren schwere Zeiten durchzustehen – der Ehemann und Familienvater verlor seinen Arbeitsplatz. Sie erzählten ihre zwei jugendlichen Kindern, es sei keine Schande, weniger Geld als andere Menschen zu haben und sie sollten nicht traurig sein, wenn sie sich manche Dinge, die ihre gleichaltrigen Freunde sich anschafften, nicht leisten könnten. Eines Tages ging die Familie mit sehr wohlhabenden Freunden zusammen essen, und sie parkten ihr Auto weiter weg um die Ecke, damit ihre Freunde nicht sähen, was für eine alte Rostlaube sie fuhren. Die beiden Teenager bemerkten den Trick sofort. Ich weiß es, denn sie erzählten mir hinterher davon.

Es ist ein schönes Beispiel für den alten Eltern-Spruch: „Tu, was ich sage, nicht, was ich tue." Es gibt keine Entschuldigung dafür, dass Sie so etwas jemals zu Ihrem Kind sagen. Wenn Sie etwas selbst tun können, dann tun Sie es auch. Wenn nicht, warum dann die Kinder vorschicken?

Ihre Kinder werden beobachten, wie Sie sich in schwierigen Situationen verhalten und werden das als Richtschnur nehmen. Egal ob Sie eifersüchtig, wütend, kleinlich oder zänkisch sind, ob Sie die Beherrschung verlieren, sich schämen oder ganz einfach den Bettel hinschmeißen, Ihre Kinder werden in dem Glauben aufwachsen, es sei normal, sich so zu benehmen, auch wenn Sie ihnen hundertmal das Gegenteil sagen. Wenn Sie ihnen jedoch Reaktionen wie Würde, Integrität, Menschlichkeit, Rücksichtnahme und Zivilcourage vorleben, wird sie das stärker beeinflussen als alles, was Sie ihnen jemals mit Worten sagen können.

89

IHRE KINDER MÜSSEN WISSEN, DASS SIE FÜR SIE DAS WICHTIGSTE SIND

Ich hoffe, es ist Ihnen klar, dass Ihre Kinder absoluten Vorrang haben – das muss so sein. Aber wissen Ihre Kinder das auch? Meistens fällt es nicht schwer, ihnen Ihre Liebe und Ihre Aufmerksamkeit zu schenken, aber es kann sehr hart sein, wenn Ihre Seele und Ihre Gefühle gerade woanders sind. Wenn Sie sich mit heftigen Sorgen, Stress oder tiefem Kummer quälen müssen, ist es nicht leicht, immer im Auge zu behalten, dass die Kinder trotzdem noch an erster Stelle rangieren.

In solchen schweren Zeiten sind Ihre Aufmerksamkeit und Ihre Geduld arg strapaziert. Da wird es plötzlich schwer, Zeit zu finden für eine Vorlesegeschichte am Abend, für eine zärtliche Umarmung, erst recht dafür, mit dem Kind einkaufen zu gehen oder ihm beim Fußballtraining zuzusehen. Wenn es zum Schlimmsten kommt, müssen Ihre Kinder plötzlich den Kürzeren ziehen und bekommen weniger von Ihnen als sonst. Vielleicht bekommen sie auch noch schnippische Bemerkungen oder Ungeduld von Ihrer Seite zu spüren, denn Sie fühlen sich jetzt gestresster und weniger ausgeglichen als normalerweise – dafür bekommen sie weniger von Ihrer Zeit und Ihrer Zuwendung.

Ich weiß, es gibt vieles, was Sie dagegen tun können. Es gibt Dinge im Leben, die all Ihre Zeit in Anspruch nehmen und bewirken, dass Sie schlecht gelaunt und mürrisch sind. Wenn Ihnen Ihr Haus weggenommen und zwangsversteigert werden soll, wenn Ihre Mutter todkrank ist, wenn Ihr Chef droht, Sie zu feuern oder eines Ihrer Kinder im Krankenhaus liegt, sind Sie natürlich nicht so fröhlich und ausgeglichen wie sonst. Das erwartet auch keiner.

Manche Krisen dauern nur wenige Tage, andere Wochen oder Monate, unter Umständen sogar Jahre. Oft haben Sie schon genug mit sich selbst zu tun. Aber die Kinder jetzt an erster Stelle zu sehen, kann auch für Sie gut sein – es gibt Ihnen einen Konzentrationspunkt außerhalb Ihrer selbst, zwingt Sie, nicht weiter zu klagen und ist ein guter Grund, den Kopf nicht hängen zu lassen und weiter zu kämpfen.

Das Beste ist, Sie setzen Ihre Kinder immer an die erste Stelle, dann wissen sie auch, dass sie an erster Stelle für Sie stehen. Wenn Sie jedoch in Selbstmitleid verstrickt sind und immer nur an sich denken, werden sie es merken. Wie viel Grund Sie auch haben, sich elend zu fühlen, Ihre Kinder merken instinktiv, ob Sie sich wichtiger nehmen als sie. Wenn Sie das nicht wünschen und wollen, dass sie wissen, dass sie an erster Stelle kommen, dann sorgen Sie dafür, dass dem auch so ist und sie werden es merken. Vielleicht werden sie noch von Zeit zu Zeit murren, dass Sie dies oder das nicht mehr so machen wie früher, aber in ihrem Innersten werden sie wissen, dass sie die Wichtigsten sind.

WENN SIE IN SELBSTMITLEID VERSTRICKT SIND UND IMMER NUR AN SICH DENKEN, WERDEN SIE ES MERKEN.

Natürlich muss das auch stimmen. Es hat keinen Sinn, sich im Selbstmitleid zu ergehen und sich nur gelegentlich zu sagen: „Selbstverständlich haben die Kinder Vorrang.“ Das nützt nichts. Aber wenn sie bei jeder Ihrer Entscheidungen obenan stehen und wenn Sie dafür sorgen, dass sie meistens bekommen, was sie brauchen, auch wenn es hart für Sie ist, bekommen sie Selbstvertrauen, allein schon aufgrund der Tatsache, dass sie wissen, wie sehr Sie sie lieben.

REGEL 90

SIE KÖNNEN NICHT ALLE PROBLEME LÖSEN

Diese Regel ist ein harter Brocken. Was wir Eltern vor allem haben, ist das Bedürfnis, es unseren Kindern immer recht zu machen. Wenn sie sich verletzen, küssen wir sie, damit es wieder besser wird. Wenn sie in Schwierigkeiten geraten, helfen wir ihnen wieder heraus. Wenn sie traurig sind, nehmen wir sie in den Arm. Wenn jemand gemein zu ihnen ist, treten wir für sie ein und gehen dazwischen.

Aber manchmal müssen unsere Kinder wirklich schwerwiegende Probleme bewältigen, die wir nicht für sie klären können. Und dieses Gefühl der Ohnmacht, das Gefühl, ihnen nicht helfen zu können, ist schrecklich. Nur wenige Dinge im Leben sind schwerer zu ertragen, als sein eigenes Kind leiden zu sehen und ihm seinen Schmerz nicht nehmen zu können. Aber es gibt solche Situationen. Wenn jemand stirbt, können Sie denjenigen nicht wieder herzaubern, nur weil Ihr Kind ihn so sehr vermisst und liebt. Manchmal ist Ihr Kind so schwer krank, dass Sie nichts unternehmen können. Oder der andere Elternteil geht weg und ist nicht mehr für es da, wenn es ihn dringend braucht.

Es ist wichtig, dass alle Kinder lernen: Manchmal geschieht etwas, das nicht zu ändern ist, von niemandem. Es tut weh, das zu lernen, wenn man noch jung ist. Und es kann Ihnen fast das Herz brechen, dabei zusehen zu müssen, wie Ihr Kind diese schwere Lektion lernen muss. Aber lernen müssen sie es früher oder später alle und Sie haben keine Kontrolle darüber, wann das Leben diese Lektion für sie bereithält. Alles, was Sie tun können, wenn es so weit ist, ist, sie zu trösten, aber den Schmerz können Sie ihnen nicht abnehmen.

In dieser Regel geht es also darum, zu akzeptieren, dass Sie nichts dagegen tun können. Es ist nicht immer Ihre Schuld, niemand anders könnte es besser machen als Sie. Es ist eine Katastrophe, da ist nichts zu machen. Machen Sie sich deswegen keine Vorwürfe, das haben Sie nicht verdient. Es ist sowieso schon schwierig genug für Sie. Sie erleiden wahrscheinlich dieselben Schmerzen wie Ihr Kind und müssen obendrein zusehen, wie es leidet – da brauchen Sie sich wahrhaftig nicht noch mehr aufzubürden. Nehmen Sie sich einfach selbst in den Arm und gönnen Sie sich ein paar Streicheleinheiten.[28]

Denken Sie daran: Ihr Kind erwartet nicht von Ihnen, dass Sie Wunder vollbringen. Es ist nicht dumm und weiß, dass Sie in dieser Sache nichts tun können. Alles, was Sie jetzt für es tun können, ist, ihm Ihre Liebe zu geben und es ein paarmal in den Arm zu nehmen, also tun Sie es. Es wird vermutlich Ihnen beiden helfen, sich ein bisschen besser zu fühlen.

ES IST EINE KATASTROPHE,
DA IST NICHTS ZU MACHEN.

28) Wenn Sie wollen, auch Schokolade.

REGELN FÜRS ERWACHSEN-WERDEN

Als Mutter oder Vater können Sie nie „in den Ruhestand gehen". Es ist ein Job, den Sie ein Leben lang innehaben – allerdings ohne Rente. Auch wenn Sie schon über 100 Jahre alt sind – Ihre Kinder sind immer noch Ihre Kinder. Auch wenn Sie Ihre Elternpflichten gut erledigt haben (und das haben Sie natürlich), brauchen Ihre Kinder trotzdem immer noch Ihr Einverständnis und Ihre Unterstützung.

Natürlich wollen sie nicht mehr wie Kinder behandelt werden, auch wenn sie immer Ihre Kinder sein werden. Sie sollten sich also um eine anders geartete Beziehung mit ihnen bemühen, eine Beziehung, die auf Augenhöhe ist und Ihnen trotzdem die Elternrolle zugesteht. Es ist ein nicht ganz einfacher Drahtseilakt, aber ich kenne genügend Eltern, die gezeigt haben, wie es geht, um zu wissen, dass es geht.

Hier sind die besten Regeln, die ich mit den Jahren aufgeschnappt habe. So können Sie sichergehen, dass Sie Ihren Kindern, wenn sie 40 sind, noch genauso gute Eltern sind wie früher, als sie vier oder 14 Jahre alt waren.

REGEL 91

LASSEN SIE IHRE KINDER LOS

Sie hatten 18 Jahre lang Zeit, Ihre Kinder so zu erziehen, wie Sie sie haben wollen. Ich meine damit nicht, sie zum Top-Anwalt, Arzt, Wissenschaftler, Fußballprofi oder sonstwas zu machen. Ich meine, Sie hatten 18 Jahre lang Zeit, sie mit allem auszustatten, was sie brauchen, um im Leben glücklich zu werden.

Nun ist die Zeit um. Sie hatten Ihre 18 Jahre – jetzt heißt es für Sie, loslassen. Wenn sie es jetzt noch nicht gelernt haben, ist es sowieso zu spät. Von jetzt an liegt es an ihnen, etwas aus sich zu machen, und Sie sollten sich nicht mehr einmischen. Wenn Sie zusehen müssen, wie sie Dinge tun, mit denen Sie nicht einverstanden sind, ist das für Sie schwer. Sie sollten eigentlich schon früher daran gedacht haben, dass es mal so kommt. Sie haben Ihre Chance versäumt.

Es gibt jetzt nur noch eines, was Sie ihnen beibringen können, und das ist, auf ihren eigenen Beinen zu stehen, ohne dass sie Sie zum Anlehnen brauchen. Der einzige Weg, ihnen das beizubringen, ist, beiseite zu gehen. Die ganzen 18 Jahre waren umsonst, wenn Sie ihnen jetzt nicht die Chance geben, zu üben, was Sie ihnen beigebracht haben. Welchen Sinn hat es, dass Sie ihnen gezeigt haben, wie man unabhängig wird, wie man selbstständig denkt und seine Entscheidungen trifft usw., wenn Sie sie jetzt nicht allein ihren Weg gehen lassen?

Und, wissen Sie was? Wenn Sie die Regeln auch nur halb so gut befolgt haben, wie ich es annehme, werden sie auch ohne Sie ganz gut zurechtkommen. Wenn Sie sich dauernd einmischen, signalisieren Sie damit nur:

„Ich habe meine Aufgabe nicht gut gemacht, ich traue Euch nicht zu, es auch allein zu schaffen."
Wir wissen doch alle, was passiert, wenn Eltern dauernd mitmischen. Was dabei herauskommt, ist bestenfalls Überbehütung, schlimmstenfalls Chaos. Sie machen es dadurch Ihren Kindern unmöglich, eine gute Beziehung von Erwachsenem zu Erwachsenem zu Ihnen aufzubauen. Wann immer Sie sich einmischen, bringen Sie damit zum Ausdruck, dass Sie nicht glauben, dass Ihre Kinder ihr Leben auch allein zu führen imstande sind. Das tut ihrem Selbstvertrauen nicht gut, und ich glaube auch nicht, dass es stimmt. Vielleicht führen sie nicht das Leben, das Sie gerne von ihnen sähen. Aber wenn Sie sich auch nur einigermaßen an den Regeln orientiert haben, stimmt auch das nicht.
Natürlich hören wir nicht auf zu lernen, bloß weil wir 18 werden. Ich nehme an, Ihre Kinder haben noch viel zu lernen. (Sie selbst vielleicht auch ...) Das hoffe ich auch für sie – wenn nicht, dann wird ihr restliches Leben ja ziemlich langweilig. Aber sie müssen jetzt in die Welt hinaus und es woanders lernen. Wo? Ich weiß es nicht. Das liegt jetzt bei ihnen (darum geht es ja gerade!). Sie sollen selbst bestimmen, was sie lernen wollen, wie, wo und mit wem zusammen.
Von jetzt an halten Sie sich bei ihrem Training bitte im Hintergrund. Und zwar so weit im Hintergrund, dass sie nicht einmal merken, dass Sie noch da sind. Ihre einzige Aufgabe ist jetzt, beiseite zu treten. Alles klar? Ich bin sicher, Sie haben mich verstanden. Gut. Dann lassen Sie mich auch in den Hintergrund treten.

WENN SIE ES JETZT NOCH NICHT GELERNT HABEN, IST ES ZU SPÄT.

REGEL 92

WARTEN SIE, BIS SIE UM RAT GEFRAGT WERDEN

Wenn Sie die letzte Regel gelesen haben[29], fragen Sie sich vielleicht, wie Sie sich am besten verhalten sollten, wenn Ihre Kinder Sie um Rat fragen. Das ist kein Problem. Ratschläge dürfen Sie geben.

Nichts leichter als das, werden Sie denken. Wozu braucht man da eine ganze Regel? Nun, ich habe mir schon etwas dabei gedacht, den Rest dieser Seite nicht leer zu lassen. Es gibt zwei Dinge, die Sie beachten sollten, wenn es darum geht, Ihren erwachsenen Kindern Ratschläge zu erteilen (und anderen Erwachsenen auch, wenn ich es genau bedenke), nämlich:

- Geben Sie Ihren Ratschlag erst, wenn Sie danach gefragt werden.
- Sagen Sie nur so viel, wie man Sie bittet zu sagen.

Wenn Ihre Kinder Sie um Rat fragen, dann fragen sie nach Ihrem Rat. Sie bitten Sie nicht um Anweisungen, Befehle, Kommentare über ihren Lebensstil, Urteile oder Sonstiges. Sie fragen ganz einfach nur um Rat, nicht mehr und nicht weniger. Und auch da sollten Sie mit Ihrer Antwort vorsichtig sein.

Machen wir dazu eine kleine Übung: Nehmen wir an, Ihr inzwischen erwachsenes Kind fragt Sie um Rat, ob es einen bestimmten, ihm angebotenen Job annehmen soll oder nicht. Hier sind ein paar mögliche Antworten, die Sie geben könnten:

- „Es ist egal. Nach drei Monaten hörst Du sowieso wieder damit auf, wie ich Dich kenne."

- „Du bist ein Narr, wenn Du Dir eine solche Chance entgehen lässt."
- „Ich habe sowieso nie verstanden, was Du mit einem Job in der Teppichreinigungsbranche willst."
- „Na ja, denen ist es ja vielleicht wurscht, wenn Du mit all Deinen hässlichen Nasenringen und Zungenpiercings da ankommst."

Ich möchte Ihre Intelligenz nicht damit beleidigen, dass ich Ihnen verrate, dass keine dieser vier Antworten in Ordnung ist.[30] Alles, was Sie tun müssen, ist, ihnen einen Ratschlag zu erteilen. Am besten machen Sie das, ohne den Bogen zu überspannen, indem Sie erst einmal Fragen stellen: „Was reizt Dich an dem Job?", „Was für Beförderungsaussichten hast Du da?", „Macht es Dir nichts aus, wenn Du dann einen längeren Arbeitsweg hast?" Sachliche Fragen, wie diese. Mit anderen Worten: Helfen Sie ihnen, ihre Antworten selbst zu finden und zu ihren eigenen Entscheidungen zu kommen.

Das bedeutet, Ratschläge geben, nicht mehr. Ihre Kinder sind keineswegs dazu verpflichtet, diese auch anzunehmen. Wenn sie sich schließlich dafür entscheiden, das Gegenteil dessen zu tun, was Sie ihnen geraten haben, ist das ihr gutes Recht. Es bedeutet nicht, dass Ihr Rat ihnen nicht geholfen hat, ihre Entscheidung zu treffen, also seien Sie nicht wütend oder eingeschnappt. Seien Sie einfach froh, dass Sie ihnen helfen konnten.

HELFEN SIE IHNEN, IHRE ANTWORTEN SELBST ZU FINDEN UND ZU IHREN EIGENEN ENTSCHEIDUNGEN ZU KOMMEN.

29) Ich hoffe, Sie lesen dieses Buch der Reihe nach, von vorn bis hinten. Sollte das nicht der Fall sein, tun Sie mir den Gefallen und lesen Sie bitte zuerst Regel Nr. 91, bevor Sie mit dieser anfangen.

30) Überrascht Sie das? Hoffentlich nicht!

REGEL 93

BEHANDELN SIE IHRE KINDER WIE ERWACHSENE

Wenn Sie zu Ihren erwachsenen Kindern eine Beziehung auf Augenhöhe pflegen wollen, müssen Sie sie wie Erwachsene behandeln. Ich weiß, das klingt ziemlich einleuchtend und wenig überraschend, aber es kann ganz schön schwierig sein. Sie haben ihnen so viele Jahre lang Anweisungen, unverlangte Ratschläge, Meinungen, Tadel usw. erteilt, dass es Ihnen inzwischen zur zweiten Natur geworden ist. Es kann ziemlich schwer sein, sich immer auf die Zunge zu beißen, bis Sie endlich den Bogen raushaben.

Natürlich wird das Loslassen jetzt umso leichter für Sie, je eher Sie damit angefangen haben, sich ein bisschen herauszuhalten, als sie noch Teenager waren. Aber auch dann ist es nicht leicht. Niemand erwartet von Ihnen, dass Sie alles gleich auf Anhieb richtig machen. Das Wesentliche ist, dass Sie wissen, wo Sie hin wollen und nicht nachlassen, bis Sie es erreicht haben. Gewöhnen Sie sich systematisch ab, ihnen zu sagen, was sie zu tun haben oder ihnen zu sagen, dass Sie ihren Geschmack in Sachen Kleidung, Freundinnen oder sonstwas nicht teilen.

Außerdem geht es in dieser Regel darum, jetzt mit etwas Neuem anzufangen. Reden Sie mit ihnen über die Dinge, über die man mit Freunden so spricht. Ignorieren Sie den Generationsunterschied und sprechen Sie Ihre Kinder als Erwachsene an. Dazu gehört auch, dass Sie ihre Meinung ebenso ernst nehmen wie die anderer Leute, ob es nun um die Klimaveränderung geht, um die Bundesliga, die nächsten Wahlen oder die Frage, ob Sie den Lauch jetzt schon aussäen sollten.

Fragen Sie Ihre Kinder ruhig um Rat. Ich bin sicher, es gibt jede Menge Dinge, über die sie schon mehr wissen als Sie – ob es nun ums Autoreparieren geht, um Mode, Fotografieren, Nähte absteppen, um Modelleisenbahnen, Vogelschau oder Töpfern – was weiß ich, wofür Sie sich interessieren. Oder über Technik – aber ich bin mir fast sicher, dass Sie sie diesbezüglich schon seit Jahren um Rat fragen.
Nach einer Weile sollte Ihnen das zur zweiten Natur werden. Aber dazu müssen Sie erst einmal bewusst damit anfangen, sonst wird nie etwas daraus. Sie machen sich keine Vorstellung, wie stolz Ihre Kinder sein werden, wenn Sie sie nach ihrer Meinung fragen und sie wie erwachsene Menschen behandeln – es sei denn, Ihre Eltern haben Sie schon so behandelt. Dann wissen Sie ja, wie wichtig das ist.

SIE MÜSSEN ERST EINMAL BEWUSST DAMIT ANFANGEN, SONST WIRD NIE ETWAS DARAUS.

REGEL 94

VERSUCHEN SIE NICHT, DER BESTE FREUND IHRER KINDER ZU SEIN

Diesen Fehler machen viele Eltern, die ansonsten das Meiste richtig machen. Die Versuchung ist einfach zu groß. Schließlich lieben Sie Ihre Kinder mehr als jeden anderen Menschen (außer, vielleicht, Ihrem Partner, der sowieso schon Ihr Gefährte ist), also wollen Sie gern, dass Ihr Kind Ihr/e beste/r Freund/in wird.

Allerdings will Ihr Kind nicht, dass Sie sein/e beste/r Freund/in werden. Vielleicht merken sie es nicht, aber sie wollen es eigentlich nicht. Eine Freundin von mir sagt stolz von sich, sie sei die beste Freundin ihrer Töchter. Und das stimmt auch. Sie sagt es nicht nur so. Sie behandelt sie so, wie sie ihre besten Freundinnen behandelt und sie machen es umgekehrt genauso. Sie findet es wunderbar, aber mir tun ihre beiden Töchter leid.

Warum? Weil sie bereits beste Freundinnen haben, und zwar einige – sie brauchen nicht noch eine mehr. Und sie haben auch einander. Was sie aber wirklich brauchen, ist eine Mutter. Für diesen Posten gibt es leider nur eine Kandidatin, aber die möchte lieber ihre beste Freundin sein.

Was ist der Unterschied zwischen Mutterrolle und bester Freundin? Man teilt mit seiner besten Freundin alles auf gleichberechtigter Ebene. Alle Sorgen und Ängste und die intimsten Gedanken. Und die beste Freundin macht das mit einem selbst ebenso. Eine Mutter jedoch ist eine Person, zu der man aufblickt – sie steht nicht höher als man selbst, aber sie ist viel reifer und verlässlicher. Sie ist der Mensch, der einen beschützt oder sich um einen kümmert, auch wenn man hofft, dass der Notfall, in dem man sie dringend braucht, nie eintritt. Natürlich können Mutter und Tochter im Alltag Spaß an denselben Dingen haben und gerne viel Zeit miteinander verbringen, Aber man erzählt seiner Mutter nicht alles und möchte auch nicht alles über sie wissen.

Was ist, wenn Sie schreckliche Angst haben, weil Sie nicht wissen, was Ihr Kind im Schilde führt? Sollen Sie es ihm sagen? Ihrer besten Freundin würden Sie so etwas sagen. Nehmen wir einmal an, Sie sind alleinerziehend oder Sie lassen sich scheiden und lernen einen neuen Partner kennen. Oder Sie haben eine Affäre. Wollen Sie Ihrem Kind alle Details erzählen, wie Sie es Ihrer besten Freundin gegenüber täten? Was ist, wenn Ihr Kind in irgendetwas Riskantes verwickelt wird – etwa Drogen oder eine Affäre mit einem verheirateten Mann –, würden Sie ihm dann dasselbe raten wie Ihrer besten Freundin? Würden Sie Ihren älteren Kindern anvertrauen, wie einsam Sie sind oder welch schlimme Geldprobleme Sie haben?

IHRE KINDER MÜSSEN SICH VON IHNEN LÖSEN, WENN SIE ÄLTER WERDEN. DAS IST IHRE AUFGABE.

In solchen Situationen können Sie nur dann die beste Freundin Ihrer Kinder sein, wenn Sie sie entweder anlügen oder sie emotional erpressen. Wenn Sie Ihrem Kind sagen, dass Sie einsam sind, wird jedes Kind, das seine Mutter liebt, sich aufgerufen fühlen, mehr Zeit mit Ihnen zu verbringen und sich entsprechend schuldig fühlen, wenn es eigentlich von Ihnen weg möchte. Ich denke, Sie sollten Ihrem Kind nicht diese Last aufbürden, auch wenn es sie bereitwillig akzeptieren würde. Und wenn Sie Ihr Kind entweder anlügen oder emotional erpressen müssen, wie kann es dann zu Ihnen kommen, wenn es eine sichere Schulter braucht, um sich auszuweinen, wenn es einen lebenserfahrenen Rat braucht oder jemanden, auf den es sich hundertprozentig verlassen kann? Sie haben gerade dann, wenn sie eine Mutter, bzw. einen Vater dringend brauchen, all Ihre Glaubwürdigkeit verspielt.

Ich sage damit nicht, Sie könnten oder sollten keine sehr enge Beziehung zu Ihren erwachsenen Kindern aufbauen. Im Gegenteil, ich hoffe, diese Beziehung ist sehr, sehr eng, Sie teilen dieselben Interessen und denselben Sinn für Humor und verbringen gern viel Zeit miteinander. Ich hoffe, Sie mögen einander mehr, als Sie beide Ihre Freundinnen mögen. Aber die Beziehung wird nicht dieselbe sein.

Ihre Kinder müssen sich von Ihnen lösen, wenn sie älter werden. Das ist ihre Aufgabe. Es ist ihnen gegenüber nicht fair, sie zu stark an Sie zu binden, auch dann nicht, wenn es eine freundschaftliche Bindung ist. Und, wissen Sie was? Eine richtig gute Eltern-Kind-Beziehung ist etwas Wunderbares, und sie ist im Notfall mehr wert als ein Dutzend noch so enge Freundschaften. Warum soll man sie also gegen eine Freundschaft eintauschen?

REGEL 95

ERMUTIGEN SIE SIE – EGAL, WAS DABEI HERAUSKOMMT

Nach Beendigung ihrer Schulzeit begann meine Tochter mit ihrem Studium. Sie entschied sich dafür, in Manchester zu studieren. Ich war mit ihr zusammen dort, um mir die dortige Uni anzusehen und hoffte, sie würde nicht ausgerechnet nach Manchester gehen, aber sie tat es. Sie war auf dem Land aufgewachsen, und ich fand, sie passte nicht in diese Großstadt, und noch dazu so weit weg von zu Hause. Ich sagte aber nichts. Ich tat einfach nur mein Bestes, um ihr Mut zu machen, die ihrer Meinung nach beste Lösung zu wählen. Heute bin ich sehr froh, dass ich so gehandelt habe, denn ich lag total falsch. Sie fühlte sich dort sehr wohl.

Es wäre dumm, anzunehmen, dass Sie jede Entscheidung Ihrer Kinder gut finden – von der Arbeits- und Studienplatzwahl über die Frage, mit wem sie zusammen leben, bis hin zur Erziehung ihrer eigenen Kinder. Aber sie sind jetzt erwachsen und können genauso gut richtig liegen wie Sie. Im Grunde sogar eher als Sie, weil sie sich selbst viel besser kennen. Das Beispiel, das ich Ihnen eben genannt habe, nennt Ihnen einen guten Grund, warum Sie Ihre Ansichten lieber für sich behalten und Ihren Kindern auf jeden Fall Mut machen sollten: Wenn nicht, könnten Sie ganz schön dumm aussehen, falls Sie im Unrecht sind.

Manchmal gibt es natürlich auch Fälle, wo Sie recht haben. Aber wenn Ihr Kind eine falsche Entscheidung getroffen hat, ist das ein Grund mehr dafür, dass es Ihre Ermutigung und Ihre Hilfe braucht. Wenn Sie die Regeln Nr. 91 und 92 befolgen, sagen Sie Ihrem Kind nicht, dass Sie mit seiner

Entscheidung nicht einverstanden sind. Unterstützen Sie es trotzdem. Denn es ist sein Leben und seine Entscheidung, wie wir schon gesehen haben, und Sie haben nur die zwei Möglichkeiten, sie mitzutragen oder dagegen zu sein.

Es gibt noch einen anderen guten Grund, sie zu unterstützen. Dann müssen Sie nicht sagen: „Siehst Du, hab ich Dir doch gleich gesagt", wenn alles schief geht – was, wie Sie hoffentlich wissen, so ungefähr das Schlimmste ist, was Sie zu Ihrem Kind sagen können und was daher unter allen Umständen zu vermeiden ist.

> DANN MÜSSEN SIE NICHT SAGEN: „SIEHST DU, HAB ICH DIR DOCH GLEICH GESAGT", WENN ALLES SCHIEF GEHT.

Manche Kinder werden sehr nervös, wenn sie den Eindruck haben, Sie stehen nicht hinter ihrer Wahl. Andere rebellieren und machen das genaue Gegenteil dessen, was Sie wollen, wenn sie sich von Ihnen unter Druck gesetzt fühlen. Auch wenn es zu keiner dieser Extremsituationen kommen muss, muss Ihr Kind wissen, dass Sie auf seiner Seite stehen, auch dann, wenn es das Elternhaus schon verlassen hat. Deswegen reicht es nicht, wenn Sie sich neutral verhalten; Sie sollten es aktiv ermutigen.

Und was ist, wenn Sie wirklich meinen, Ihr Kind liegt falsch? Das ist ganz in Ordnung. Es ist absolut in Ordnung, sich auch mal zu irren. Sie ermutigen Ihr Kind ja nicht dazu, etwas Falsches zu tun. Sie ermutigen es lediglich, das zu tun, was es für das Beste hält – egal, ob richtig oder falsch.

REGEL 96

LASSEN SIE DIE BEDINGUNGEN WEG

Eine Freundin von mir hat eine wohlhabende Familie, die sie dabei unterstützte, ein Haus zu kaufen, indem sie ihr ein sehr zinsgünstiges Darlehen gewährte. Kürzlich entschied sie sich dafür, ihr Haus wieder zu verkaufen und ins Ausland zu ziehen. Sie wollte sich etwas in der Schweiz kaufen. Da teilte ihr ihre Familie mit, sie würde ihr das Darlehen sofort kündigen, denn sie sei mit ihrer Entscheidung nicht einverstanden. Wenn sie jedoch bereit sei, an einen Ort zu ziehen, mit dem die Familie einverstanden sei, würde sie ihr erlauben, das Darlehen zu behalten und es dorthin mitzunehmen. Bitte tun Sie Ihren Kindern so etwas nicht an. Das ist bevormundend und herrschsüchtig, und wenn ich näher darüber nachdenke, macht es mich sehr wütend. Entweder Sie vertrauen Ihren Kindern Ihr Geld an oder nicht. Wenn nicht, treten Sie beiseite und lassen Sie sie selbst entscheiden, wie sie ihr Leben führen wollen. Wenn Sie ihnen Geld geben, geben Sie es ihnen ohne Auflagen und lassen Sie sie damit machen, was sie wollen. Aber vermeiden Sie unter allen Umständen, zu versuchen, Einfluss auf das Leben Ihrer Kinder zu nehmen, indem Sie ihnen Geschenke machen, die an Bedingungen geknüpft sind, ob es nun Geld oder anderes ist.

DAS IST BEVORMUNDEND UND HERRSCHSÜCHTIG, UND WENN ICH NÄHER DARÜBER NACHDENKE, MACHT ES MICH SEHR WÜTEND.

Ich kenne leider einige Eltern, die alle möglichen Tricks verwenden, um ihre erwachsenen Kinder an sich zu binden. Geld ist der häufigste dieser Tricks (der andere kommt in Regel Nr. 97 zur Sprache – ich nehme an, Sie können kaum erwarten, was es ist).[31] Sie bezahlen beispielsweise das Schulgeld ihrer Enkelkinder, aber nur dann, wenn sie die Schule besuchen, die sie ihnen ausgesucht haben. Oder sie greifen ihnen bei der Finanzierung ihres Hauses oder ihres Autos unter die Arme, aber nur wenn sie mit ihrer Wahl einverstanden sind.
Andere machen dasselbe, aber nur zur Hälfte. Sie geben ihren Kindern das Geld, aber dann sagen sie: „Ich hätte es Dir nicht gegeben, wenn ich geahnt hätte, dass Du es für teure Ferienaufenthalte ausgibst“, oder was auch immer sie persönlich stört. Das dürfen Sie Ihren Kindern nicht antun. Sie lassen sie damit nicht wirklich los und geben ihnen das Gefühl, sie könnten nicht frei über ihr Leben verfügen. Falls sie es wirklich nicht können, ist das Ihre Schuld. Was haben Sie ihnen in diesen ersten 18 Jahren beigebracht?
Tut mir leid, dass ich mich ein bisschen von meinem Ärger habe mitreißen lassen – da Sie ja die Regeln bewusst befolgen wollen, gehe ich nicht davon aus, dass Sie so etwas machen würden. Aber lassen Sie mich Ihnen zwei Beispiele aus meinem Bekanntenkreis erzählen. Es sind zwei Familien, die beide etwas Geld hatten, um damit ihre Enkelkinder zu unterstützen. Das Ergebnis war so unterschiedlich wie ihre Handlungsweise. Die Version mit Bedingungen geht so: Die Großeltern legten das Guthaben so an, dass sie selbst die Verwalter waren. Ab dem Tag, als die Enkel 18 Jahre alt wurden, hatten ihre Großeltern die Kontrolle darüber, ob sie sich von dem Geld ein Auto kauften, sich ein Sabbatjahr genehmigten, ob sie damit ein Jahr lang ohne Kredit studieren konnten oder ein Haus davon kauften. Die Eltern dieser Kinder wurden überhaupt nicht mehr gefragt und waren in einigen Fällen auch anderer Meinung als die Großeltern, waren aber machtlos.
Die andere Familie eröffnete ein Extrakonto für ihre Enkel, aber erst nachdem sie sie gefragt hatten, was für eine Art Sparvermögen sie wünschten. Sie folgten ihrem Wunsch und machten ihre Kinder, nicht sich selbst, zu

Verwaltern ihres Vermögens, sodass sie nach Einzahlung des Geldes auf das Konto keinerlei Verfügungsgewalt oder Rechte mehr darüber hatten. Sie fragten nicht nach und knüpften keinerlei Bedingungen daran, wann und wie ihre Kinder den Enkeln das Vermögen übergeben würden. Das ist bedingungsloses Schenken – und es ist das, was ich erstklassige, den Regeln gemäße Kindererziehung nenne.

31) Spicken Sie nicht. Warten Sie's ab.

REGEL 97

STELLEN SIE IHNEN KEINE GEWISSENSFALLEN

Der zweite große Machthebel, den manche Eltern anwenden, um ihre erwachsenen Kinder unter Kontrolle zu halten, ist Schuld. Manche gehen dabei richtig dreist vor, aber unsere Kinder sind sensible Wesen und selbst der subtilste Kniff verfehlt seine Wirkung bei ihnen nicht.

Das häufigste Thema bei diesen Gewissensfallen ist, wie viel Zuwendung das Kind seinem Elternteil entgegenbringt. Kommentare wie: „Deine Schwester ruft jede Woche an", oder: „Ich weiß, dass Du an den Wochenenden immer so beschäftigt bist. Ich wünschte, ich wäre es auch!" verfolgen nur die Absicht, den Kindern ein schlechtes Gewissen einzureden, weil sie nicht mehr Zeit mit ihren Eltern verbringen. Dasselbe gilt für den Satz: „O je, das wird ja ganz schön einsam hier, wenn Du erst aus dem Haus bist."

Ich glaube, ich muss hier etwas klarstellen: Ihre Kinder schulden Ihnen nichts. Gar nichts. Es ist mir egal, wie viel Blut, Schweiß und Tränen Sie in die ersten 18 Jahre ihres Lebens gesteckt haben. Sie haben nicht darum gebeten, geboren zu werden, und da Sie sich dafür entschieden haben, Kinder zu bekommen, sind allein Sie verantwortlich für all Ihre Mühe. Sie schulden ihnen eine Menge Dinge, aber sie schulden Ihnen gar nichts. Deshalb ist es unter keinen Umständen in Ordnung, dass Sie Ihren Kindern den Eindruck vermitteln, sie schuldeten Ihnen etwas – sei es Zeit, Zuwendung, Geld oder irgendetwas anderes.

Natürlich werden Ihre Kinder viel für Sie tun, wenn Sie als Elternteil die Regeln befolgt haben. Die Tatsache, dass sie Ihnen eigentlich gar nichts schulden, macht es umso kostbarer, wenn sie Ihnen viel geben. Gute Kinder werden sich um Sie kümmern, wenn Sie alt sind, weil Sie es verdient haben und weil sie Sie einfach lieben. Manche Kinder jedoch kümmern sich nur aus schlechtem Gewissen um ihre Eltern, aber es macht ihnen keinen Spaß und sie nehmen es ihren Eltern übel, dass sie es tun müssen, und das wollen Sie bestimmt nicht. Sie wollen, dass Ihre Kinder Ihnen aus freien Stücken ihre Zeit und ihre Zuwendung schenken, weil Sie es verdienen. Wenn Sie sie in die Gewissensfalle laufen lassen, werden Sie das niemals bekommen.

Bestimmt haben auch Sie Freunde, die Dinge sagen, wie: „Ich muss am Wochenende meinen Vater besuchen. Ich war schon einen Monat lang nicht mehr bei ihm“, oder: „Ich kann heute Abend leider nicht. Meine Mutter ruft mich jeden Mittwochabend an, und es dauert immer mindestens zwei Stunden, bis ich wieder auflegen kann.“ Vielleicht sagen Sie sowas manchmal auch. Aber Sie wollen bestimmt nicht, dass Ihre Kinder so über Sie sprechen. Sie wollen bestimmt lieber, dass sie sagen: „Geht leider nicht – ich möchte meine Eltern am Wochenende besuchen“, oder: „Ich habe jetzt wochenlang nicht mehr richtig mit meiner Mutter gesprochen und freue mich schon auf unser Gespräch.“ Also appellieren Sie bitte nicht an ihr schlechtes Gewissen, denn egal was sie aus einem Schuldgefühl heraus für Sie tun werden, sie werden ohne dieses blöde Schuldgefühl ganz sicher doppelt so viel für Sie tun, und das gerne. Sie werden den Unterschied spüren!

Eigentlich ist das beste Geschenk, das Sie Ihren Kindern machen können, die Unabhängigkeit. Ich meine nicht ihre, sondern Ihre eigene. Erst wenn sie emotional, sozial und finanziell unabhängig sind, sind sie frei von Schuldgefühlen. Dann geschieht alles, was sie für Sie tun, aus reiner Liebe zu Ihnen.

IHRE KINDER SCHULDEN IHNEN NICHTS.
GAR NICHTS.

REGEL 98

DENKEN SIE DARAN – SIE BRAUCHEN SIE IMMER NOCH

Je älter Ihre Kinder werden, je mehr sie den Kinderschuhen entwachsen, desto weniger brauchen sie Sie (weil Sie sie so selbständig und unabhängig erzogen haben). Trotzdem brauchen sie Sie immer noch dann und wann. Vielleicht brauchen sie noch Ihr Geld, besonders in den ersten Jahren. Oder sie benötigen Ihren Rat. Vielleicht brauchen sie Ihre Hilfe, wenn es darum geht, auf ihre Kinder aufzupassen oder auf den Hund, wenn sie im Urlaub sind. Vielleicht benötigen sie Ihre Hilfe bei der Gartenarbeit. Oder sie brauchen den Rat eines Menschen, der mehr Erfahrung hat als sie, zum Beispiel beim Verkauf eines Hauses, beim Verfassen eines Lebenslaufs oder beim Autokauf.

Daneben gibt es noch eine Reihe von weniger greifbaren Dingen. Sie benötigen immer noch Ihr Urteil. Sie wollen, dass Sie sich ihr neues Haus ansehen, das neu geborene Baby oder ihr selbst umgebautes Wohnmobil anschauen. Das alles werden sie auch ihren Freunden zeigen, aber das ist nicht dasselbe. Als sie noch klein waren, haben sie Ihnen immer ihre selbstgemalten Bilder, ihre Sandburgen oder ihre neuen Anziehsachen gezeigt. Jetzt ist es ähnlich, nur handelt es sich jetzt um größere Dinge. Sie brauchen Ihre Bestätigung, dass sie es richtig machen (obwohl Sie es, natürlich, nie so direkt sagen dürfen – und sie es auch nicht so deutlich zugeben werden).

Von Zeit zu Zeit werden sie Sie auch in ganz wichtigen Angelegenheiten brauchen – zur finanziellen Absicherung, wenn sie frühzeitig zu arbeiten beginnen, zur Unterstützung in schweren Zeiten, etwa bei einer Scheidung, oder wenn eines der Kinder schwer erkrankt oder als Notunterkunft, wenn ihr Haus unter Wasser steht. Alles Gelegenheiten, wo sie sofortige Notfallhilfe brauchen – jemanden, der alles für sie stehen und liegen lässt und erst später Fragen stellt. Wenn Sie als Eltern die Regeln befolgt haben, wissen Ihre Kinder, dass Sie, wenn es hart auf hart kommt, immer für sie da sein werden – ohne zu klagen, ohne viel Aufhebens davon zu machen und ohne dass sie sich schuldig fühlen müssen.

Wie der große amerikanische Dichter Robert Frost sagte: „Zuhause ist der Ort, wo Du immer hin kannst, wenn Du musst." Das sollten Sie auch für Ihre Kinder sein (allerdings mit etwas mehr Begeisterung, als es hier anklingt). Gute Eltern sind stolz darauf, der wichtigste Ansprechpartner ihrer Kinder zu sein; sie sind froh darüber, ihren Kindern in einer Krise helfen zu können und beklagen sich nicht, wenn ihr eigenes Leben dadurch unterbrochen wird.

Je älter Ihre Kinder werden, desto seltener werden sie sich melden. Vielleicht werden sie Sie dann Jahre oder Jahrzehnte lang um nichts Größeres mehr bitten. Aber seien Sie nicht so dumm zu denken, sie bräuchten Sie gar nicht mehr. Sie werden Sie ein Leben lang brauchen. Lassen Sie sie nur nicht wissen, dass Sie es wissen.

> „ZUHAUSE IST DER ORT, WO DU IMMER HIN KANNST, WENN DU MUSST."

REGEL 99

ES IST NICHT IHRE SCHULD

Manche Leute segeln problemlos durchs Leben, andere müssen sich alles hart erkämpfen. Manchmal gibt es gute Gründe dafür, dass sie es so schwer haben, manchmal gibt es dafür keinen offensichtlichen Grund. Aber oft hat es damit zu tun, wie diese Leute „gestrickt" sind.

Ich kenne Menschen – und Sie wahrscheinlich auch –, die stammen aus schrecklichen Verhältnissen. Da gab es Misshandlung, Vernachlässigung, Tragödien oder was weiß ich. Viele von ihnen sind, was wohl nicht zu vermeiden war, schwer geschädigt worden, andere jedoch sind gestärkt aus ihrer schweren Schicksalsprüfung hervorgegangen. Ein Bekannter von mir hat keine Hände – man musste sie ihm in Jugendjahren nach einer Krankheit amputieren –, aber er ist der fröhlichste, ausgeglichenste Mensch, den man sich nur vorstellen kann. Ich kenne einige Menschen, die eine furchtbare Kindheit hatten, aus denen aber trotzdem vernünftige und glückliche Erwachsene geworden sind. Ich kenne einige kaputte Familien mit Kindern, die verhaltensgestört sind und mit Geschwistern, die dasselbe Elend ohne größere Beeinträchtigung durchlaufen haben. Übrigens kenne ich auch Kinder aus sehr gutem Elternhaus, die trinken, rauschgiftsüchtig sind oder psychisch krank sind.

Natürlich kenne ich mehr ‚gestörte' Erwachsene, die aus schwierigen Verhältnissen stammen als solche aus intakten Familien, aber ich kenne auch genügend, die aus guten Familienverhältnissen stammen. Denn die Eltern sind nur eine mögliche Ursache für die Probleme Erwachsener. Es gibt noch eine Vielzahl anderer Gründe dafür, dass Ihr Kind in

Schwierigkeiten steckt, in inneren und äußeren, über die Sie keine Kontrolle haben.

Wenn Sie wissen, dass Sie als regelbewusste Eltern Ihre Sache richtig gemacht haben (denken Sie daran, Sie müssen auch als Eltern nicht perfekt sein!), ist es nicht Ihre Schuld, wenn später irgendetwas schief läuft. Machen Sie sich keine Vorwürfe, falls Ihr Kind depressiv wird, keine längerfristige Beziehung eingehen kann, zu trinken anfängt oder mit 35 immer noch keinen Job hat. Es ist nicht Ihre Schuld. Wenn Ihr Kind als Baby die ganze Nacht draußen im Regen verbringen musste, war es Ihre Schuld, aber wenn es heute mit 30 Jahren auf der Straße schläft, ist das nicht mehr Ihre Schuld.

Vielleicht kommt eines Tages sogar die Zeit, wo Sie für sich keine andere Wahl mehr sehen, als Ihr Kind hinauszuwerfen. Das Modewort lautet ‚Strenge aus Liebe', und es kann Zeiten geben, wo nichts anderes mehr hilft. Wichtig ist, dass Ihr Kind weiß, dass Sie nur auf die Gelegenheit warten, die Tür wieder aufzumachen, sobald Sie wieder das Vertrauen haben, dass Sie es tun können. Wenn Ihr Kind wirklich schlimme Zeiten durchmacht, sind Sie – wer weiß – vielleicht sogar der einzige Mensch auf der Welt, der überhaupt noch bereit ist, ihm die Tür aufzumachen. Vielleicht haben alle Freunde sich schon von ihm abgewandt. Aber dann sind Sie immer noch da. Sie warten geduldig und lassen Ihr Kind wissen, dass da noch jemand ist, der es immer lieb haben und immer hinter ihm stehen wird.

Schuld ist ein egoistisches, selbstgerechtes Gefühl, und Sie helfen sich selbst und Ihrem Kind am besten, wenn Sie nicht ewig vor sich hin brüten und sich in den Gedanken hineinsteigern, dass alles nur Ihre Schuld war, sondern akzeptieren, dass es nicht an Ihnen liegt und sich lieber darauf konzentrieren, wie Sie Ihrem Kind jetzt helfen können. Vergessen Sie das Vergangene und konzentrieren Sie sich auf die Gegenwart. Selbst um zwei Uhr morgens, wenn Sie vor lauter Sorge um Ihr Kind kein Auge zumachen können, sollten Sie sich nicht dazu verführen lassen, die Schuld bei sich selbst zu suchen. Ich weiß, das ist leicht gesagt und schwer getan, aber es bringt Ihnen nichts. Sie sollten auch wissen, dass Sie sich nicht schuldig fühlen, weil Sie es sind, sondern weil Sie nur befürchten, Sie könnten es sein. Wenn Sie auch nur eine halbwegs anständige Mutter oder ein halbwegs anständiger Vater sind, dann brauchen Sie sich wirklich keine Vorwürfe zu machen. Wie sagt doch der berühmte Autor und Erziehungsexperte Steve Biddulph? „Sie haben nur die Aufgabe, sich so lange um sie zu kümmern, bis sie sich selbst Hilfe holen können."

SCHULD IST EIN EGOISTISCHES, SELBSTGERECHTES GEFÜHL.

REGEL 100

EINMAL ELTERN, IMMER ELTERN

So, nun sind wir am Ende angelangt. Wir haben einhundert Regeln kennengelernt – die letzte, einhundertste besagt, dass es keine Ende gibt, dass Sie für immer Eltern sein werden. Als Mutter oder Vater, die die Regeln praktizieren, haben Sie zu Ihrem Kind, diesem wunderbaren Menschen, mittlerweile eine unglaublich gute Beziehung geknüpft. Eine Beziehung, die anders ist als jede andere und die Ihnen beiden, solange Sie leben, immer wieder Trost spenden und Freude schenken wird. Das ist der Lohn, Ihr Lohn, für all die Jahre voll schmutziger Windeln, Zank und Geschrei, Unordnung, endloser Diskussionen mit Ihrem Teenager, schlaflosen Nächten und so weiter. Ich verspreche Ihnen, es ist die Mühe wert.

Plötzlich werden Sie feststellen, dass Sie erwachsene Kinder haben, die gerne die Zeit mit Ihnen verbringen, die gerne bei Ihnen sind und echt daran interessiert sind, Ihre Meinung zu hören. Wie schon gesagt, brauchen sie immer noch Ihre Bestätigung, auch wenn sie ungebetenen Rat nicht so gern haben. Aber das ist ganz in Ordnung, denn Sie werden staunen, wie gut sie ihr Leben meistern können. Alle guten Eltern erwachsener Kinder, die ich so kenne, sprechen oft und gern über die Eigenschaften, die sie an ihren Kindern bewundern; sie sagen oft, sie wünschten, sie wären in deren Alter schon so selbstbewusst, so gut organisiert, so beherrscht oder so klar im Denken gewesen wie sie. Und sie sagen es immer ohne die geringste Spur von Neid oder Eifersucht. Bei den Eltern, die sich an die Regeln halten, hört man nichts als Stolz in der Stimme, wenn sie so über ihre Kinder sprechen.

Wenn Sie schon bis hierher gelangt sind und immer wieder mal erstaunt feststellen, was für unglaubliche, einmalige und tolle Wesen Ihre Kinder doch geworden sind, vergessen Sie bitte nicht, sich selbst auch mal auf die Schulter zu klopfen. Ohne Sie und Ihre Erziehung hätten es Ihre Kinder nie so weit gebracht!

Eine der Freuden einer Regel-Mutter oder eines Regel-Vaters ist, dass ihr Kind sie ein Leben lang lieben wird und sie daran keinen Augenblick zu zweifeln brauchen. Und wenn eines Tages die Zeit gekommen ist, wo Sie aus Altersgründen von anderen Menschen abhängig werden, sind Ihre Kinder für Sie da und geben Ihnen die Liebe zurück, die Sie ihnen früher geschenkt haben – nicht weil sie es müssen, nicht weil sie es Ihnen schuldig sind, nicht weil Sie sie darum bitten, nicht weil sie das Gefühl haben, sie sollten es tun, sondern einfach, weil sie es wollen.

IHR KIND WIRD SIE EIN LEBEN LANG LIEBEN – DARAN BRAUCHEN SIE NICHT ZU ZWEIFELN.

Die Regeln des Richard Templar

Weltweit sind die Bücher des Autors Richard Templar seit Langem Kult. Seine „Rules" rund um Themenkomplexe wie Reichtum, Arbeit, Leben und Management verkauften sich millionenfach. Bis jetzt bei „books4success"

erschienen: „Die Regeln des Reichtums", „Die Regeln des Lebens", „Die Regeln der Arbeit", „Die Regeln des Managements" und „ Die Regeln der Kindererziehung". Weitere Titel folgen.

Richard Templar:
Die Regeln der Kindererziehung
14,90 € / 272 Seiten / broschiert
ISBN: 978-3-941493-17-9

Richard Templar:
Die Regeln des Managements
14,90 € / 248 Seiten / broschiert
ISBN: 978-3-938350-97-3

Richard Templar:
Die Regeln der Arbeit
14,90 € / 248 Seiten / broschiert
ISBN: 978-3-938350-90-4

Richard Templar:
Die Regeln des Lebens
14,90 € / 248 Seiten / broschiert
ISBN: 978-3-938350-68-3

Richard Templar:
Die Regeln des Reichtums
14,90 € / 272 Seiten / broschiert
ISBN: 978-3-938350-62-1

Die „SO …"-Reihe

Wie kommuniziere ich so, dass mich mein Gegenüber versteht? Wie setze ich mir Ziele und erreiche sie dann auch? Wie teile ich mir die Zeit so ein, dass ich effektiv arbeite, meine Pläne umsetze und dennoch mein Leben genießen kann? Wie komme ich mit

schwierigen Zeitgenossen zurecht, die mir am Arbeitsplatz, im Verein oder einfach im Privatleben begegnen? Mit der Reihe „So …“ veröffentlicht „books4success“ kleine, handliche Ratgeber, die kompakte Antworten auf Fragen wie diese geben.

John Hoover:
So werden Sie Herr Ihrer Zeit
12,90 € / 176 Seiten / broschiert
ISBN: 978-3-938350-80-5

John Hoover:
So arbeiten Sie mit schwierigen Typen
12,90 € / 192 Seiten / broschiert
ISBN: 978-3-938350-79-9

Garry Kranz:
So kommunizieren Sie effektiv
12,90 € / 192 Seiten / broschiert
ISBN: 978-3-938350-70-6

Kathleen Schienle:
So erreichen Sie Ihre Ziele
12,90 € / 168 Seiten / broschiert
ISBN: 978-3-938350-53-9

Larry Winget

Larry Winget, der „Pitbull of Personal Development", führt die Liga amerikanischer Erfolgstrainer an. Diverse Bestseller gehen inzwischen auf sein Konto: „Halt den Mund, hör auf zu heulen und lebe endlich!" bietet ungewöhnliche und effektive Lebenstipps. Mit „Mach Deinen Job!" korrigiert der Autor schlechte Angewohnheiten im Berufsleben. In „Goodbye Pleite,

hello Luxus" wird Schuldenberatung zum lehrreichen Lesevergnügen. „Menschen sind Idioten und ich kann's beweisen" schafft Abhilfe bei Selbstsabotage. Larry Winget konzentriert gibt es in „Immer frei Schnauze", einem Jahreskalender mit den besten Winget-Sprüchen für jeden Tag. Eine tägliche Prise Weisheit aus Larry Wingets beachtlichem Repertoire.

Larry Winget:
Immer frei Schnauze
17,90 € / 400 Seiten / gebunden
ISBN: 978-3-941493-15-5

Larry Winget:
Menschen sind Idioten …
22,90 € / 288 Seiten / geb. mit SU
ISBN: 978-3-941493-08-7

Larry Winget:
Goodbye Pleite …
22,90 € / 192 Seiten / geb. mit SU
ISBN: 978-3-938350-72-0

Larry Winget:
Mach Deinen Job!
22,90 € / 264 Seiten / geb. mit SU
ISBN: 978-3-938350-44-7

Larry Winget:
Halt den Mund …
22,90 € / 328 Seiten / geb. mit SU
ISBN: 978-3-938350-16-4

Ian Cooper – Frag doch einfach

Sie bekommen einfach nie, was Sie haben wollen? Wissen Sie, wo Ihr Problem liegt? Sie haben vermutlich noch niemals richtig danach gefragt! Bestsellerautor Ian Cooper zeigt in seinem neuesten Buch, dass wir in Privatleben und Beruf deutlich mehr erreichen können, wenn wir uns und anderen einfach nur die richtigen Fragen stellen.

256 Seiten / broschiert / 978-3-941493-02-5 / 19,90 €

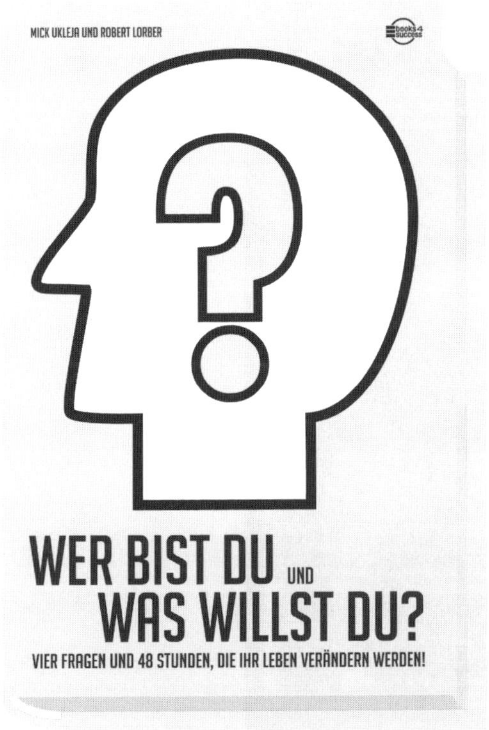

Ukleja, Lorber – Wer bist du und was willst du?

Glück. Erfolg. Zufriedenheit. Große Ziele, die nicht immer erreicht werden. Die Autoren haben beobachtet, dass glückliche und erfolgreiche Menschen sich in einem Punkt ähneln: Sie wissen, wer sie sind und was sie wollen. Die Autoren entwickelten das Konzept des „vierdimensionalen Denkens", mit dem sie schon vielen Menschen geholfen haben, Ziele zu definieren und zu erreichen.

288 Seiten / gebunden mit SU / ISBN: 978-3-938350-94-2 / 19,90 €

Joe Vitale – Die Gebrauchsanweisung für Ihr Leben

Was wäre, wenn eine gute Fee Ihnen bei Ihrer Geburt ein kleines Merkheft in die Wiege gelegt hätte? Ein Heft, das Sie auf die Herausforderungen des Lebens vorbereitet und Anworten auf die wichtigen Fragen enthalten hätte? Eine Gebrauchsanweisung gewissermaßen? Falls die Fee Sie vergessen hat, hier kommt der Ersatz. Joe Vitales Bestseller aus den USA.

240 Seiten / gebunden / 978-3-938350-35-5 / 24,90 €